Jessica Bielinski

Bikulturelle Partnerschaften in Deutschland

Eine Studie über Diskriminierungen, Konflikte und Alltagserfahrungen

KULTUR – KOMMUNIKATION – KOOPERATION

herausgegeben von Gabriele Berkenbusch und Katharina von Helmolt

ISSN 1869-5884

Jessica Bielinski

BIKULTURELLE PARTNERSCHAFTEN IN DEUTSCHLAND

Eine Studie über Diskriminierungen, Konflikte
und Alltagserfahrungen

ibidem-Verlag
Stuttgart

Bibliografische Information der Deutschen Nationalbibliothek
Die Deutsche Nationalbibliothek verzeichnet diese Publikation in der
Deutschen Nationalbibliografie; detaillierte bibliografische Daten sind im
Internet über http://dnb.d-nb.de abrufbar.

Bibliographic information published by the Deutsche Nationalbibliothek
Die Deutsche Nationalbibliothek lists this publication in the Deutsche Nationalbibliografie;
detailed bibliographic data are available in the Internet at http://dnb.d-nb.de.

Coverabbildungen:
Daddy & Son © Rosemarie Gearhart # 7228249 / www.istockphoto.com
Wedding couple exchanging rings © dragan saponjic # 9714595 / www.istockphoto.com

∞

Gedruckt auf alterungsbeständigem, säurefreien Papier
Printed on acid-free paper

ISSN: 1869-5884

ISBN-13: 978-3-8382-0299-0

© *ibidem*-Verlag
Stuttgart 2011

Printed in Germany

Inhaltsverzeichnis

1   Einleitung

Die geographische Mobilität der Gesellschaft steigt und nationale Grenzen werden jeden Tag überschritten. Im Zeitalter der Globalisierung sind Begegnungen zwischen Menschen aus verschiedenen Kulturen keine Seltenheit, sie sind Alltag geworden. Die Zunahme der weltweiten Verflechtungen ist in allen Bereichen zu registrieren. Die Internationalisierung des Tourismus macht weltweite Reisen möglich und durch die Entwicklung moderner Verkehrsmittel werden sogar die weitesten Entfernungen in kürzester Zeit überwunden. Auch der vermehrte Einsatz von neuen Kommunikationstechnologien bewirkt, dass die Welt immer näher zusammenrückt. Kurz gesagt, die potentiellen Möglichkeiten von interkulturellen Begegnungen sind vielseitig. Besonders das zunehmende Migrationsgeschehen spielt in diesem Zusammenhang eine herausragende Rolle. Der aktuelle Migrationsbericht, der durch das Bundesamt für Migration und Flüchtlinge im Jahr 2008 erstellt wurde, liefert einen umfassenden Überblick über die Entwicklung der Zu- und Abwanderung in der Bundesrepublik Deutschland. Die Ergebnisse machen deutlich, dass genau 573.815 Zuzüge von Ausländern registriert wurden, wovon die meisten aus Polen kamen (S. 13-16). Damit lebten im Jahr 2008 insgesamt etwa 7,2 Millionen ausländische Staatsangehörige in Deutschland, womit deren Anteil an der Gesamtbevölkerung 8,8 Prozent betrug. Die Motivationen, sich in einem anderen Land aufzuhalten, sind unterschiedlich. Zur Erlangung von Wettbewerbsvorteilen agieren immer mehr Unternehmen international, wodurch berufliche Auslandsaufenthalte und interkulturelle Kontakte ansteigen. Auch jungen Menschen wird zunehmend die Möglichkeit geboten, ausbildungsbegleitend Erfahrungen im Ausland zu sammeln. Im Rahmen meines Studiums der Wirtschaftshispanistik habe ich zehn Monate in Madrid verbracht. Währenddessen habe ich mein Wissen über den spanischen Kulturraum erweitert und Bekanntschaften zu den Einheimischen geschlossen. Im Berufsleben gewinnen solche Auslandsaufenthalte immer mehr an Bedeutung und werden besonders von expandierenden Unternehmen hoch angerechnet. Sie werden von zukünftigen Mitarbeitern erwartet und sind karrierefördernd. Neben diesen erwünschten bilden die unerwünschten Migranten eine weitere wichtige Gruppe von Einwanderern. Darunter werden diejenigen Personen verstanden, die der Gesellschaft keinen wirtschaftlichen Nutzen erbringen, wie z.B. Fluchtmigranten, die vorübergehenden Schutz oder auch Asyl suchen

(Kühne, Rüßler 2000, S. 22). Nach Angaben des Bundesamtes für Migration und Flüchtlinge wurden allein im Jahr 2008 22.085 Asylerstanträge in Deutschland gestellt (S. 180-119). Interkulturelle Kontakte resultieren aus dieser geographischen Mobilität. Selbst auf der intimsten Ebene entwickeln sich immer mehr Beziehungen zwischen Menschen verschiedener Kulturen. Viele empfinden das Fremde als spannend, aufregend, sogar anziehend und stehen Unbekanntem offen gegenüber. Trotz dieser Offenheit ergeben sich in bikulturellen Partnerschaften besondere Herausforderungen. Die Verbindung zweier Kultursysteme mit verschiedenen Werten, Normen und Verhaltensmustern erfordert von beiden Ehepartnern große Toleranz, Rücksicht und Flexibilität. Beide müssen diese Unterschiede erkennen und lernen, damit umzugehen. Auch im Außenbereich zeigen sich oftmals Probleme. Obwohl es in Zeiten weltweiter Vernetzung normal sein sollte, über Grenzen hinweg zu heiraten, erscheinen bikulturelle Ehepaare noch immer als außergewöhnlich und begegnen vielen Vorurteilen. Nicht selten haben sie in ihren Familien und ihrem gesellschaftlichen Umfeld um Anerkennung zu kämpfen und werden mit Ablehnung sowie Diskriminierung konfrontiert. In der Gesellschaft werden solche Ehen häufig als „Problemehen" deklariert. Speziell Frauen, die einen ausländischen Partner heiraten, werden negativ bewertet und sind großen Belastungen ausgesetzt (Kienecker 1993, S. 5). Sie werden als Außenseiterinnen bezeichnet, wohingegen bei Männern folgendes Prinzip Gültigkeit besitzt: je exotischer die Frau, desto besser. Dieses Phänomen erklärt Daftari dahingehend, dass Ehepaare meistens über den Mann definiert und ausländische Frauen deshalb leichter akzeptiert werden (2000, S. 138-139).

Ich selbst stamme aus einer bikulturellen Familie, meine Mutter ist Deutsche, mein Vater ist Pole, und habe in meinem sozialen Umfeld ständig Kontakt zu solchen Ehepaaren. Aus meinen Erfahrungen ist schließlich die Idee zu dieser Studie entstanden.

Um einen umfassenden Einblick in die Materie zu erhalten, habe ich zunächst die Geschichten von drei Ehepaaren, die in Deutschland leben, von der ersten Begegnung bis zu ihrer gegenwärtigen Situation erhoben. Der Schwerpunkt dieser Studie liegt auf den spezifischen Problembereichen, die in einer bikulturellen Partnerschaft auftreten können und resultiert aus den zentralen Themen, die von den Interviewten in den Mittelpunkt gestellt wurden. Anhand des Datenmaterials lassen sich folgende zentrale Fragestellungen formulieren:

- Welchen Problemen, Vorurteilen und Diskriminierungen waren die Befragten im Verlauf ihrer Ehe in Deutschland ausgesetzt und wie sind sie damit umgegangen?
- Wie haben die Familien der Befragten auf die Beziehung mit einem ausländischen Partner reagiert? Haben diese eine bestärkende oder behindernde Position eingenommen?
- Kam es innerhalb der Ehe bereits zu Auseinandersetzungen aufgrund kultureller Unterschiede? In welchen Bereichen traten diese auf und wie sind die Ehepartner damit umgegangen?

Die vorliegende Studie soll einen Beitrag zur Beantwortung dieser Fragen leisten. Deswegen war es wichtig, dass beide Ehepartner zu Wort kommen und ihre jeweiligen Erfahrungen zum Ausdruck bringen konnten.

Nachdem ich einen kurzen Überblick über die verwendete Literatur gegeben habe (Kap. 2.1), werde ich den Terminus „bikulturelle Partnerschaft" definieren (Kap. 2.2) und auf die demographische Lage solcher Eheschließungen in Deutschland eingehen (Kap. 2.3). Im Anschluss schildere ich die Situation unbegleiteter minderjähriger Flüchtlinge und stelle die deutsche Rechtslage sowie die daraus resultierenden Probleme für die Betroffenen dar (Kap. 2.4). Mit der Beschreibung der Auswertungsmethodik meiner Untersuchung beende ich den theoretischen Teil (Kap. 3). Den folgenden Hauptteil bildet die Auswertung des Hauptinterviews. Dazu mache ich meine methodische Vorgehensweise deutlich (Kap. 4.1) und stelle die Interviewpartner vor (Kap. 4.2). Nach einer kurzen Begründung, warum das Ehepaar Diallo als Primärfall gewählt wurde, analysiere ich deren Interview anhand mehrerer ausgewählter Sequenzen (Kapitel 4.3). Daraufhin werden die wesentlichen Ergebnisse zusammengefasst und abschließend hinsichtlich meiner Leitfragen dargelegt (Kap. 4.4).

2   Einführung in die Thematik

2.1   Literaturgrundlage

Als Literaturgrundlage für die vorliegende Untersuchung wurden hauptsächlich relevante empirische Studien über bikulturelle Ehen in Deutschland herangezogen. Obwohl bikulturelle Partnerschaften schon lange weit verbreitet sind, gibt es sehr wenige, besonders ältere fundierte Studien, die sich mit dieser Thematik beschäftigen. Eine wissenschaftliche Auseinandersetzung im deutschsprachigen Raum erfolgte erst seit Beginn der 80er Jahre.

Scheibler (1992) interviewte im Rahmen ihrer Untersuchung 30 bikulturelle Ehepaare, wobei der ausländische Partner aus einem EG-Staat kam. Das Hauptinteresse bestand darin, spezifische Lebens- und Konfliktbereiche solcher Ehen zu erforschen, wofür sie sich mit der Partnerwahl, dem Heiratsentschluss und auch der kulturellen Ausrichtung der Beziehungen beschäftigte. Zudem untersuchte sie die Reaktionen der Herkunftsfamilien und das Auftreten von Problemen im gesellschaftlichen Umfeld. Scheibler kam zu dem Ergebnis, dass kulturelle Unterschiede zu Beginn der Beziehungen eine geringe Rolle gespielt und erst im weiteren Verlauf an Bedeutung gewonnen haben, wie z.B. das Essverhalten oder das Feiern von Festen. Außerdem stellt sie heraus, dass die Befragten ihre Probleme weniger auf diese kulturellen Differenzen zurückführen, sondern vielmehr ihre unterschiedlichen Persönlichkeiten und die mangelnde Akzeptanz in der Gesellschaft dafür verantwortlich machen (S. 127-131).

Im selben Jahr veröffentlichte Hecht-El Minshawi ihre Untersuchung, in der sie 55 Frauen und 17 Männer zu ihren Erfahrungen aus dem Leben in einer bikulturellen Partnerschaft interviewte. Dabei waren vor allem die Gründe für die Partnerwahl, die Reaktionen des Umfeldes, der Umgang mit beiden Kulturen sowie die Besonderheiten des Zusammenlebens von Interesse.

Kienecker (1993) beschäftigte sich ausschließlich mit deutschen Frauen, die mit einem ausländischen Partner verheiratet sind. Ein besonderes Augenmerk legte sie dabei auf die Frage nach der Partnerwahlmotivation. Dafür hat sie amerikanische Theorien und deutsche Untersuchungen herangezogen sowie selbst 15 Interviews mit Frauen durchgeführt, um deren spezifische Erfahrungen in bikulturellen Beziehungen zu untersuchen. Als Motivationen für die Bereitschaft einen ausländischen Partner zu heiraten, hat sie folgende Faktoren ermittelt: „Das Außenseitertum in der eigenen Kultur, die Solidarität mit anderen Außenseitern, der Wunsch nach Ergänzung und Erweiterung der eigenen kulturellen Erfahrungen und die Möglichkeit zum wechselseitigen kompensatorischen Austausch und das bewusste oder unbewusste Bedürfnis danach." (S. 105).

Die Dissertation von Thode-Arora (1999) beschäftigt sich mit theoretischen und empirischen Forschungsarbeiten über bikulturelle Partnerschaften aus der ganzen Welt. Das Ziel ihrer Arbeit war, das vorhandene Material zu ordnen, die bisherigen entwickelten Konzepte zu erfassen und hinsichtlich ihrer methodischen Begründung kritisch zu bewerten. Sie bemängelt, dass Langzeitstudien und Untersuchungen mit homogamen Kontrollgruppen weitgehend fehlen und Wiederholungsstudien bisher überhaupt nicht existieren (S. 415). Außerdem stellt Thode-Arora heraus, dass diese Thematik weltweit zwar viel erforscht wurde, aber die meisten Arbeiten methodisch problematisch, wenig theorieorientiert oder ideologisch geprägt sind. Dagegen wurde nur eine geringe Anzahl von Arbeiten sorgfältig konzipiert und durchgeführt (S. 429).

Die qualitative Untersuchung von Molnár (2004) stellte die Frage nach der Relevanz der Kulturdifferenz in solchen Partnerschaften in den Mittelpunkt. Molnár befragte im Rahmen ihrer Studie vier Paare in Form von narrativen Interviews. In erster Linie wollte sie herausfinden, was die Befragten unter Kultur verstehen und inwieweit sie meinen, dass kulturelle Unterschiede ihre Beziehung beeinflussen. Sie stellt dar, dass die Befragten mit dem Begriff Kultur unterschiedliche Temperamente, Mentalitäten, die Beziehung zu ihren Familien und Unterschiede bezüglich der Kommunikation verbinden. Weiterhin haben die Interviews ergeben, dass keines der befragten Paare mit Diskriminierungen durch das soziale Umfeld konfrontiert wurde, aber sie sich mit Problemen, z.B. verursacht durch Kommunikation oder unterschiedliche Rollenverhalten, auseinandersetzen (S. 109-110).

In anderen Arbeiten werden die Ergebnisse der bis dahin veröffentlichten Untersuchungen zusammengeführt und die Thematik „bikulturelle Beziehungen" ausschließlich theoretisch betrachtet, wie beispielsweise Gómez Tutor (1995), Reif (1996), Daftari (2000) oder Zehler (2008).

2.2   Begriffserklärung „bikulturelle Partnerschaft"

Bei der Literaturrecherche zu dem Thema meiner Studie bin ich immer wieder auf unterschiedliche Bezeichnungen gestoßen, die oftmals parallel verwendet werden. Diese müssen notwendigerweise vorab definiert werden. Was auf Englisch als „mixed marriage" und auf Französisch als „mariage mixte" bezeichnet wird, kann auf Deutsch als „Mischehe" verstanden werden. Diese Ausdrücke sind gebräuchlich, wenn von Ehen zwischen einem Inländer und einem Ausländer gesprochen wird (Varro 1997, S. 27). Zudem finden in diesem Zusammenhang die Bezeichnungen „binationale Partnerschaft" und „bikulturelle Partnerschaft" Verwendung.

Der Begriff „Mischehe" besitzt durch den Nationalsozialismus eine negative Konnotation. Damit wurden Lebensgemeinschaften zwischen Menschen mit unterschiedlichen Konfessionen bezeichnet, vor allem zwischen Ariern und Juden (Kienecker 1993, S. 11). Scheibler erklärt, dass der Ausdruck außerdem rassistische Einstellungen gegenüber Ehen zwischen Weißen und Farbigen widerspiegelt (1992, S. 23). Aufgrund der eindeutig nationalsozialistischen Prägung wird das Wort „Mischehe" in der vorliegenden Studie vermieden. Die Kategorisierung „binationale Partnerschaft" stellt insbesondere die nationale Zugehörigkeit in den Vordergrund, durch die sich die Ehepartner unterscheiden, ohne den kulturellen Aspekt zu berücksichtigen (Zehler 2008, S. 12). Dies wird allerdings bei der Einbürgerung des ausländischen Partners problematisch. Der Ausdruck „bikulturelle Partnerschaft" dagegen verdeutlicht, dass es sich um eine Verbindung zwischen Menschen aus unterschiedlichen Kulturen handelt (Kienecker 1993, S. 14). Die Bezeichnung „bikulturell" wurde in dieser Studie gewählt, weil damit die kulturelle Verschiedenheit der Ehepartner am besten erfasst werden kann.

Doch was wird unter Kultur verstanden? Der Begriff Kultur entstammt den lateinischen Ausdrücken *cultura*, was einerseits Landbau und andererseits die Pflege des Körpers und Geistes meint sowie *colere* (bebauen, bewohnen, pflegen). Die Definitionen sind sehr zahlreich und vielfältig. Kultur ist die Gesamtheit aller Verhaltens- und Lebensweisen einer Gruppe von Menschen (Ramsauer 2007, S. 4), wie z.B. Normen, Werte, Sprache, Sitten, Bräuche, Regeln, Kunst, Essen oder Musik. Vor allem durch die Globalisierung stehen Kulturen im Austausch miteinander, weshalb sie flexible Bezugssysteme darstellen (ebd. S. 6).

2.3   Bikulturelle Eheschließungen in Deutschland

Laut des Statistischen Bundesamtes Deutschland haben sich im Jahr 1970 insgesamt 444.510 Paare das Jawort gegeben, wovon 26.247 bikulturelle Eheschließungen waren. Damit betrug der Anteil solcher Eheschließungen etwa sechs Prozent. Entgegen der allgemein rückläufigen Tendenz bei den standesamtlichen Trauungen haben bikulturelle Ehen in den letzten Jahrzehnten deutlich zugenommen. Die folgende **Abbildung 1** gibt die Entwicklung der Eheschließungen in der Bundesrepublik Deutschland von 1970 bis 2007 wieder:

Abb. 1   Bikulturelle Eheschließungen in der Bundesrepublik Deutschland nach der Staatsangehörigkeit der Ehepartner von 1970 bis 2007

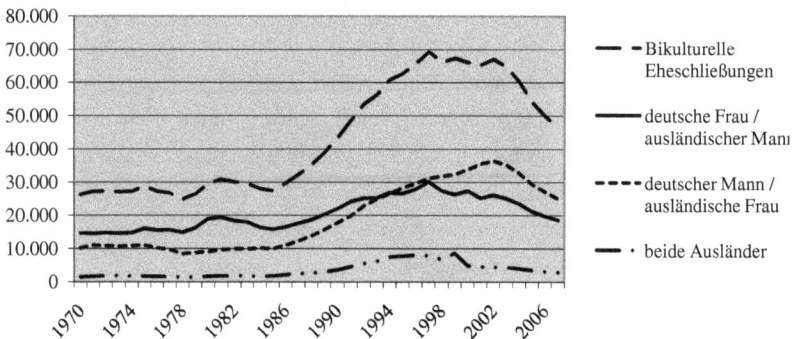

Quelle: vgl. Anlage A1

Die statistischen Daten zeigen, dass die Anzahl der bikulturellen Eheschließungen vor allem ab 1986 stark angestiegen ist und 1997 ihren Höhepunkt erlangte. In diesem Jahr vermählten sich 69.274 bikulturelle Ehepaare. Das waren etwa 16 Prozent der Ehen, die in der Bundesrepublik Deutschland geschlossen wurden. Nach dieser Aufwärtsentwicklung sind die bikulturellen Ehen zurückgegangen und erreichten 2007 eine Anzahl von 46.452, was einen Anteil von etwa 13 Prozent ausmachte. Diese Zahlen stellen allerdings nur Anhaltspunkte dar. Tatsächlich gibt es weitaus mehr bikulturelle Ehepaare in Deutschland, da einige auch im Herkunftsland des ausländischen Partners geheiratet haben.

Wie in **Abbildung 1** zu erkennen ist, bestehen in diesem Zusammenhang große geschlechterspezifische Unterschiede. Bis zum Jahr 1994 haben mehr deutsche Frauen einem ausländischen Mann das Jawort gegeben als umgekehrt. Molnár findet den Grund dafür darin, dass bikulturelle Ehen insbesondere mit in Deutschland stationierten Streitkräften aus den USA geschlossen wurden (2004, S. 6). Ab dem Jahr 1995 hat sich diesbezüglich allerdings ein Wandel ergeben und es heirateten erstmals mehr deutsche Männer eine ausländische Frau.

Nach Berechnungen des Statistischen Bundesamtes Deutschland bestehen bei bikulturellen Eheschließungen klare Präferenzen bezüglich der Herkunft der ausländischen Partner. Im Jahr 2007 kamen die ausländischen Frauen der deutschen Männer vor allem aus Polen. Dahinter folgten Türkinnen und Russinnen. Im Gegensatz dazu heirateten deutsche Frauen am häufigsten einen türkischen Mann. An zweiter Stelle stehen Eheschließungen mit Italienern. Bei diesen statistischen Angaben muss allerdings Berücksichtigung finden, dass nur Personen mit einem ausländischen Pass und keine eingebürgerten Ausländer erfasst wurden.

2.4   Unbegleitete minderjährige Flüchtlinge in Deutschland

Herr Diallo ist als unbegleiteter minderjähriger Flüchtling nach Deutschland gekommen. Um die Hintergründe zu verstehen, verdeutliche ich die Situation der genannten Personengruppe anhand ausgewählter Aspekte. Dabei werde ich auf rechtliche Grundlagen eingehen, die Herr und Frau Diallo in der Befragung bereits angesprochen haben. Meine Absicht ist es nicht, die einzelnen Rechtsvorschriften vollständig darzustellen. Es soll lediglich einen Überblick über die allgemeine Rechtslage und die daraus resultierenden Probleme gegeben werden.

2.4.1   Fluchtursachen

Laut der Richtlinie Nr. 2003/9/EG des Rates der Europäischen Union vom 27. Januar 2003 zur Festlegung von Mindestnormen für die Aufnahme von Asylbewerbern in den Mitgliedstaaten sind unbegleitete minderjährige Flüchtlinge alle Menschen unter 18 Jahren, „[…] die ohne Begleitung eines für sie nach dem Gesetz oder dem Gewohnheitsrecht verantwortlichen Erwachsenen in das Hoheitsgebiet eines Mitgliedstaats einreisen, solange sie sich nicht tatsächlich in der Obhut eines solchen Erwachsenen befinden. Hierzu gehören auch Minderjährige, die nach der Einreise in das Hoheitsgebiet eines Mitgliedstaats dort ohne Begleitung zurückgelassen wurden." Nach Schätzungen des United Nations High Commissioner for Refugees waren im Jahr 2008 weltweit ca. sieben Millionen Kinder auf der Flucht. Die meisten kamen dabei aus Pakistan, Syrien, Afghanistan, dem Iran sowie dem Irak (2009, S. 2). Teilweise werden Kinder aus den gleichen Gründen zu Flüchtlingen wie Erwachsene. Zu diesem Ergebnis kam eine Studie, die von dem Europäischen Migrationsnetzwerk durchgeführt und im Jahr 2009 publiziert wurde. Demnach fliehen sie vor politischer Verfolgung oder Gefahren aufgrund ethnischer oder religiöser Zugehörigkeit. Teilweise sind sie auf der Flucht, weil sie Schutz vor ökologischen oder ökonomischen Katastrophen suchen. Zudem herrschen in vielen Ländern bewaffnete Konflikte oder Kriege, die meistens nicht mehr zwischen Staaten, sondern innerhalb eines Staates ausgetragen werden. Wegen ihrer physischen und psychischen Verletzbarkeit sind Kinder in solchen Situationen besonders betroffen. Sie sind der Gewalt schutzlos ausgeliefert (Parusel 2009, S. 19). Zwischen 1990 und 2000 verloren mehr als eine Million unter 18-jährige ihre Eltern, mehr als zwei Millionen starben und mehr als sechs Millionen wurden zu Invaliden (Flüchtlingsrat 2003, S. 42). Weltweit werden etwa 300.000 Kindersoldaten eingesetzt, die meisten von ihnen in Afrika. Die Studie verdeutlicht ebenso, dass unbegleitete minderjährige Flüchtlinge ihre Heimat oftmals wegen der drohenden Zwangsrekrutierung verlassen haben. Daneben wurden Ängste vor Genitalverstümmelung oder Zwangsheirat sowie sexuellen Missbrauch oder Zwangsprostitution als weitere kinderspezifische Fluchtursachen genannt. Das Europäische Migrationsnetzwerk fand außerdem heraus, dass viele Kinder aufgrund fehlender Bildungsmöglichkeiten und damit vor einem Leben ohne Perspektive aus ihrem Herkunftsland fliehen (Parusel 2009, S. 19). Seltener dagegen wird Kinderhandel als Fluchtgrund angegeben. Die meisten flüchten einfach, weil ihre Eltern flüchten, wobei sie nicht selten voneinander getrennt werden. Ebenso kann es sein, dass Kinder von ihren Eltern weggeschickt werden, um woanders ein sicheres sowie besseres Leben zu führen und auf diese Weise zum Lebensunterhalt der Familie beitragen zu können (ebd. S. 20).

2.4.2 Die Ankunft in Deutschland

Momentan leben schätzungsweise zwischen 3.000 und 5.000 Kinderflüchtlinge in der Bundesrepublik Deutschland (Zito 2009, S. 8). **Tabelle 1** zeigt, dass im Jahr 2008 insgesamt 763 unter 18-jährige einen Asylantrag gestellt haben. Die meisten kamen dabei aus dem Irak, Vietnam, Afghanistan, Guinea und Äthiopien. Viele der unbegleiteten minderjährigen Flüchtlinge befinden sich bei ihrer Ankunft in einem körperlich schlechten Zustand. Zudem sind sie verzweifelt, verwirrt und stehen unter extremen Stress. Sie sind herausgerissen aus ihrer Familie, ihrer gewohnten Umgebung sowie ihrem kulturellen und sozialen Umfeld.

Tab. 1 Unbegleitete minderjährige Asylantragsteller 2008 nach den zehn wichtigsten Herkunftsländern

Herkunftsland	Unbegleitete minderjährige Asylantragsteller bis 15 Jahre	Unbegleitete minderjährige Asylantragsteller 16 und 17 Jahre	Unbegleitete minderjährige Asylantragsteller insgesamt
Irak	93	135	228
Vietnam	8	60	68
Afghanistan	27	34	61
Guinea	29	19	48
Äthiopien	18	18	36
Eritrea	15	8	23
Indien	8	12	20
Russland	5	13	18
Algerien	6	11	17
Sri Lanka	11	5	16
Gesamt (alle HKL)	**324**	**439**	**763**

Quelle: vgl. Parusel 2009, S. 41

Doch auch in Deutschland, wo sie Schutz suchen, machen sie die Erfahrung, nicht erwünscht zu sein. Gemäß Art. 22 der UN-Kinderrechtskonvention sind die Vertragsstaaten dazu verpflichtet, ihnen denselben Schutz zu gewähren „[...] wie jedem anderen Kind, das aus irgendeinem Grund dauernd oder vorübergehend aus seiner familiären Umgebung herausgelöst ist." Trotzdem werden sie stark benachteiligt. Nach ihrer

Ankunft durchlaufen sie ein sogenanntes Clearingverfahren in besonderen Erstaufnahmeeinrichtungen. Diese Einrichtungen sind zuständig für die erforderliche Unterbringung, Betreuung und Versorgung. Dabei werden die konkreten Lebensumstände der unbegleiteten minderjährigen Flüchtlinge festgestellt sowie geprüft, ob sich bereits Familienangehörige in Deutschland aufhalten. Das Clearingverfahren kann zwischen wenigen Tagen und drei Monaten dauern (Flüchtlingsrat 2003, S. 20). Besonders problematisch ist die Altersfestsetzung. Tatsache ist, dass die meisten ohne oder mit falschen Ausweisdokumenten einreisen und daher ihr Alter nicht nachweisen können (ebd. S. 5). Viele kennen ihr Alter selbst nicht einmal. Um die Einstufung der Flüchtlinge in die Kategorien „unter 16 Jahre" oder „über 16 Jahre" vornehmen zu können, wird das Alter von Behördenmitarbeitern geschätzt. Die Altersfestsetzung kann durch die medizinisch umstrittene Handwurzeluntersuchung[1] oder in Form der bloßen Inaugenscheinnahme erfolgen. Oftmals werden die jungen Flüchtlinge zu ihren Ungunsten älter eingestuft als sie selbst angeben (Zito 2009, S. 12). Nachdem die Frage der Minderjährigkeit geklärt wurde, teilt sich das Verfahren. Wenn keine Familienangehörigen in Deutschland leben, werden sie durch ein bundesweit praktiziertes Verteilungsverfahren einer Aufnahmeeinrichtung zugewiesen (Parusel 2009, S. 34). Dabei haben sie keinen Einfluss auf die Bestimmung ihres Wohnortes (Kühne, Rüßler 2000, S. 64).

Kinderflüchtlinge unter 16 Jahren werden in Jugendhilfeeinrichtungen untergebracht und pädagogisch betreut (§ 42 Abs. 1 SGB VIII). Das Jugendamt muss während der Inobhutnahme für deren Wohlergehen sorgen und ist berechtigt, alle Rechtshandlungen vorzunehmen, die notwendig sind (§ 42 Abs. 2 SGB VIII). Zudem muss für sie ein Vormund bestellt werden, durch den beispielsweise ein Asylantrag gestellt werden kann. Der Zugang zum Bildungssystem ist von den Regelungen in den Bundesländern abhängig. Laut dem Bundesfachverband Unbegleitete Minderjährige Flüchtlinge e.V. besteht für Kinderflüchtlinge keine allgemeine Schulpflicht. Dadurch bleiben ihnen Möglichkeiten zur Bildung und Integration in den gesellschaftlichen Alltag verwehrt.

Ab dem Alter von 16 Jahren sind Kinderflüchtlinge asylmündig, was bedeutet, dass sie ihren Antrag auf Asyl selbst stellen müssen. Nach dem Aufenthaltsgesetz besitzen

[1] Bei der Handwurzeluntersuchung wird die Skelettreife durch Röntgen bestimmt. Ein Gutachten des Fördervereins Pro Asyl beurteilte dieses Verfahren aus medizinischer, ethischer und rechtlicher Sicht allerdings als ungeeignet für die Altersfeststellung (Flüchtlingsrat 2003, S. 7).

sie eine eigene Handlungsfähigkeit und sind ebenso wie erwachsene Asylsuchende für ihre ausländerrechtlichen Angelegenheiten selbst verantwortlich (§ 80 Abs. 1 AufenthG). Folglich bestimmen die Ergebnisse der Altersfestsetzung, ob Kinderflüchtlinge dasselbe Verfahren wie Erwachsene durchlaufen oder nicht. Oftmals werden sie zusammen mit erwachsenen Flüchtlingen in einem Asylbewerberheim untergebracht und erhalten keine pädagogische Betreuung. Sie sind vollkommen auf sich allein gestellt und können daher auch leichter abgeschoben werden (Flüchtlingsrat 2003, S. 8).

2.4.3 Asylverfahren

Art. 16a Abs. 1 des Grundgesetzes besagt: „Politisch Verfolgte genießen Asylrecht."

Tab. 2 Entscheidungen über Asylerstanträge von unbegleiteten minderjährigen Flüchtlingen 2008 nach den Hauptherkunftsländern

Herkunftsland	Asyl-erst-anträge	Entschei-dungen	Anerkennung nach Art. 16a GG und Familienasyl	Verbot der Abschiebung nach § 60 AufenthG	Ableh-nungen	Formelle Erledi-gungen*
Irak	228	91	-	82	7	2
Vietnam	68	55	-	-	54	1
Afghanistan	61	8	-	6	1	1
Guinea	48	16	-	2	14	-
Äthiopien	36	15	-	6	9	-
Eritrea	23	5	-	3	2	-
Indien	20	5	-	-	4	1
Russland	18	7	2	1	3	1
Algerien	17	4	-	1	3	-
Sri Lanka	16	4	-	1	-	3
Gesamt (alle HKL)	**763**	**268**	**3**	**113**	**132**	**20**

* „Formelle Erledigung" kann bedeuten, dass ein Asylantrag vom Antragsteller zurückgenommen wurde oder dass der Antragsteller nicht am Verfahren mitgewirkt hat, beispielsweise durch Untertauchen.

Quelle: vgl. Parusel 2009, S. 46

Wie die vorliegende **Tabelle 2** verdeutlicht, hat das Bundesamt im Jahr 2008 über 268 Asylanträge entschieden, von denen drei als Asylberechtigte nach dem Grundgesetz anerkannt wurden. Damit betrug der Anteil der Bewilligungen lediglich 1,1 Prozent. Diese Tatsache zeigt, dass es heutzutage so gut wie unmöglich ist, Asyl zu erhalten. Insbesondere für Kinderflüchtlinge ist ein solches Asylverfahren mit großen Problemen verbunden, da sie in einem fremden Land mit undurchschaubaren Behördenstrukturen konfrontiert werden, die häufig nicht einmal erwachsene Flüchtlinge verstehen. Zuerst werden sie durch einen sogenannten Sachbearbeiter Asyl des Bundesamtes für Migration und Flüchtlinge angehört. Um als schutzbedürftig anerkannt zu werden, müssen sie ihre Verfolgungssituation ausführlich schildern. Die Flüchtlinge müssen die relevanten Tatsachen selbst vortragen, mit denen sie ihre Angst vor politischer Verfolgung begründen (§ 25 Abs. 1 AsylVfG). Deshalb werden ihnen keine Fragen gestellt, die zur Aufklärung beitragen, was oftmals zu unvollständigen Schilderungen führt. Im Jahr 2007 betrug die durchschnittliche Bearbeitungsdauer der Asylverfahren 17 Monate (Zito 2009, S. 8). Vor allem bei unbegleiteten minderjährigen Flüchtlingen ist die Anerkennungsrate gering, da sie laut der deutschen Rechtssprechung nicht politisch verfolgt und kinderspezifische Fluchtursachen in die Entscheidungen nicht einbezogen werden (Flüchtlingsrat 2003, S. 5). Auch die Drittstaatenregelung wird auf Kinderflüchtlinge angewandt. Demnach werden alle Personen, die politisch verfolgt werden, bei ihrer Flucht allerdings einen sicheren Drittstaat durchquert haben, nicht als politisch Verfolgte nach Art. 16a Abs. 1 des Grundgesetzes anerkannt (Art. 16a Abs. 2 GG). Es besteht die Gefahr, dass sie direkt an der Grenze zurückgeschickt oder in das entsprechende Land abgeschoben werden, unabhängig von ihrem Alter. Flüchtlinge, deren Asylantrag abgelehnt wird, erhalten keinen gültigen Aufenthaltstitel. Wenn sie allerdings nicht abgeschoben werden können, z.B. weil sie keine Ausweisdokumente besitzen, ist ihnen eine vorübergehende Aussetzung der Abschiebung, eine Duldung, zu gewähren. Diese wird für längstens sechs Monate ausgestellt und sofort widerrufen, wenn die der Abschiebung entgegenstehenden Gründe nicht mehr gegeben sind (§ 60a AufenthG). In Deutschland leben über 100.000 geduldete Ausländer und viele müssen ihre Duldung in monatlichen Abständen verlängern. Sie führen ein Leben im Wartestand, 60.000 Menschen schon seit über sechs Jahren (Zito 2009, S. 9). Dabei werden sie von der Angst abgeschoben zu werden, immer begleitet. Nach Angaben des Bundesfachverbandes Unbegleitete

Minderjährige Flüchtlinge e.v. befanden sich von 2005 bis 2007 mindestens 377 Kinderflüchtlinge in Abschiebehaft. Die Dunkelziffer soll allerdings wesentlich über den bekannten Fällen liegen.

2.4.4 Das Leben in Deutschland

Als besonders problematisch ist die Lebenssituation der 16- bis 17-jährigen unbegleiteten minderjährigen Flüchtlinge zu bewerten. Oftmals werden sie dazu verpflichtet, zusammen mit Erwachsenen in Gemeinschaftsunterkünften zu leben, die sich in einem schlechten Zustand befinden. Die dortigen Bedingungen entsprechen selten den Anforderungen an eine jugendgerechte Entwicklung. Meistens werden Alleinstehende in Mehrbettzimmern untergebracht, die sie sich mit fremden Menschen verschiedener Herkunft teilen müssen (Zito 2009, S. 10).

Ausländer mit ungesichertem Aufenthalt unterliegen einer räumlichen Beschränkung, weshalb sie sich permanent im zugewiesenen Bundesland aufhalten müssen (§ 61 AufenthG). Es liegt allerdings im Ermessen der Ausländerbehörde, die Bewegungsfreiheit weiter einzugrenzen. Um den Geltungsbereich der räumlichen Beschränkung zu verlassen, müssen sie unter Angabe der Zieladresse rechtzeitig einen Antrag bei der Ausländerbehörde stellen (§ 58 Abs. 1 AsylVfG). Dadurch werden beispielsweise Besuche bei Bekannten erschwert, was eine Isolation der Betroffenen hervorrufen kann. Die Missachtung dieser Residenzpflicht, indem sie keine schriftliche Erlaubnis einholen, wird mit Geld- oder Freiheitsentzug bestraft (Zito 2009, S. 10).

Weiterhin erhalten geduldete Ausländer keinen Zugang zum Arbeitsmarkt. Für sie besteht während des ersten Jahres ein generelles Arbeitsverbot, wodurch die Entwicklungschancen junger Flüchtlinge behindert werden (Krockauer 1990, S. 57). Da sie im Regelfall zu den Leistungsberechtigten des Asylbewerberleistungsgesetzes gehören, müssen sie von festgelegten Grundleistungen leben, die sie überwiegend in Form von Sachleistungen erhalten (§ 3 Abs. 1 AsylbLG). Nach einjährigem Aufenthalt kann ihnen mit Zustimmung der Bundesagentur für Arbeit allerdings die Aufnahme einer Erwerbstätigkeit gestattet werden (§ 10 Abs. 1 BeschVerfV). Infolge ihres unsicheren Rechtsstatus werden sie aber allenfalls in Niedriglohnbereichen angestellt und auch die meisten Berufsausbildungen scheitern. Viele Unternehmen weigern sich, Jugendliche mit einer Duldung auszubilden, da nicht sicher ist, ob sie ihre Lehre beenden oder vorher abgeschoben werden (Flüchtlingsrat 2003, S. 9). Deswegen leiden die Betroffenen oftmals an sozialer und materieller Verarmung. Zudem sind geduldete Ausländer keine Mitglieder der gesetzlichen Krankenversicherung. Lediglich bei akuten Erkrankungen sind medizinische Behandlungen zu gewähren und die Betroffenen mit Arzneimitteln zu versorgen (§ 4 AsylbLG). Demnach werden Psychotherapien eher selten bewilligt, obwohl die meisten Flüchtlinge traumatisiert sind, da sie schreckliche Erfahrungen gemacht haben, bevor sie nach Deutschland gekommen sind. Eine wissenschaftliche Untersuchung der Psychologischen Forschungs- und Modellambulanz für Flüchtlinge der Universität Konstanz ergab, dass bei etwa 40 Prozent der Asylbewerber posttraumatische Belastungsstörungen auftreten (2005, S. 13). Dennoch droht vielen die Abschiebung in ihr Herkunftsland und damit die Rückkehr zu den erlittenen Strapazen.

3   Methoden der qualitativen Sozialforschung

Die Aufgabe qualitativer Sozialforschung besteht darin, einzelne Subjekte, die von der Forschungsfrage betroffen sind, in ihrer alltäglichen Lebenssituation zu untersuchen (Mayring 1999, S. 9-13). Sie verfolgt das Ziel, subjektive Sichtweisen zu erfassen sowie Deutungsmuster und Strukturmerkmale zu erkennen (Helfferich 2005, S. 19-23). Demnach steht das Verstehen eines Einzelfalls im Mittelpunkt des Forschungsinteresses und nicht das Erhalten von allgemeingültigen Ergebnissen. Qualitative Sozialforschung unterliegt dem Prinzip der Offenheit, sowohl auf theoretischer als auch methodischer Ebene. Theoretische Strukturierungen und Hypothesen sowie methodische Verfahren müssen an den untersuchten Gegenstand angepasst werden und sich erweitern, modifizieren oder revidieren lassen, wenn dies notwendig erscheint. Insgesamt wird eine genaue, umfassende und detaillierte Darstellung des Gegenstandsbereiches angestrebt (Mayring 1999, S. 16-21). In der vorliegenden Studie wurde das narrative Interview als qualitative Erhebungsmethode eingesetzt.

3.1   Begriffserklärung „narratives Interview"

Das narrative Interview wurde maßgeblich von dem Soziologen Fritz Schütze im Jahre 1977 entwickelt (Lamnek 2005, S. 357). Er beschreibt es als „ein sozialwissenschaftliches Erhebungsverfahren, welches den Informanten zu einer umfassenden und detaillierten Stegreiferzählung persönlicher Ereignisverwicklungen und entsprechender Erlebnisse im vorgegebenen Themenbereich veranlasst." (Schütze 1987, S. 49) Folglich können die Informanten ihre Erfahrungen spontan artikulieren und werden nicht mit standardisierten Fragen konfrontiert. Das Verfahren wird insbesondere im Zusammenhang mit lebensgeschichtlich bezogenen Fragestellungen eingesetzt (Hopf 1995, S. 177).

Das narrative Interview gliedert sich in fünf Phasen (Lamnek 2005, S. 358). Zu Beginn, in der sogenannten Erklärungsphase, werden die Interviewten über die Besonderheiten der Interviewform sowie die technischen Modalitäten, wie Anonymität und Transkription, informiert. Zudem werden eventuelle Unklarheiten geklärt und die Erlaubnis zur Interviewaufzeichnung eingeholt. Während der Einleitungsphase werden die Informanten anschließend aufgefordert, ihre Erlebnisse zu einem Thema in einer zusammenhängenden Geschichte zu erzählen. Dazu stellt der Interviewer eine offen gehaltene Einstiegsfrage mit dem Ziel, eine Stegreiferzählung[2] zu initiieren und den Einstieg somit zu erleichtern (ebd. S. 358). In der folgenden Erzählphase, dem Hauptteil, haben die Interviewten das monologische Rederecht und können ihre Lebensgeschichte darstellen. Der Interviewer dagegen beschränkt sich darauf, interessiert zuzuhören und die Erzählung zu unterstützen, indem er seine Aufmerksamkeit signalisiert (Hermanns 1995, S. 184). Erst in der Nachfragephase, die sich auf den Inhalt der Haupterzählung bezieht, können unverständliche Aussagen geklärt und angesprochene Themen intensiviert werden. Diese Nachfragen haben ebenso eine erzählgenerierende Funktion und locken zusätzliche narrative Sequenzen hervor. Zum Schluss folgt die Bilanzierungsphase, in der Fragen gestellt werden, um theoretische Erklärungen für das Geschehene zu finden und eine Bilanz der Geschichte zu entwickeln (Lamnek 2005, S. 359).

Ein besonderes Kennzeichen von narrativen Interviews sind die sogenannten Zugzwänge der Erzählung, in die sich ein Erzähler verstrickt, sobald er über seine Erlebnisse berichtet. Diese Zwänge sind der Gestaltschließungszwang, der Kondensierungszwang und der Detaillierungszwang. Der Gestaltschließungszwang bewirkt, dass der Erzähler seine einmal begonnene Narration beendet. Mit Kondensierungszwang ist gemeint, dass sich der Befragte auf das Wesentliche bezieht und seine Darstellung entsprechend verdichtet. Durch den dritten Zwang, den Detaillierungszwang, werden die angesprochenen Ereignisse umfassend geschildert und wichtige Hintergrundinformationen geliefert, damit der Interviewer die Erzählung besser versteht und nachvollziehen kann (Bohnsack 2003, S. 93).

Qualitative Interviews unterliegen vier Grundprinzipien, aus denen sich Anforderungen ergeben, die ein Interviewer erfüllen muss (Helfferich 2005, S. 22). Das Prinzip Kommunikation meint, dass der Forscher seine gewünschten Informationen erst erlangt, wenn er eine Kommunikationsbeziehung mit den Befragten eingeht. Das heißt, ein Interview besteht immer aus einer Kommunikationssituation zwischen diesen Personen (ebd. S. 67). Das Prinzip Offenheit verlangt von dem Interviewer eine passive Verhaltensweise, damit die Befragten die Kommunikation strukturieren und ihre

---

[2] „Stegreifgeschichten sind spontane Erzählungen, die nicht durch Vorbereitungen oder standardisierte Versionen einer wiederholt erzählten Geschichte vorgeprägt oder vorgeplant sind, sondern aufgrund eines besonderen Anlasses aus dem Stand heraus erzählt werden." (Hermanns 1995, S. 183)

Erzählung selbst gestalten können (ebd. S. 100). Daher müssen sie darauf hingewiesen werden, dass es keine zeitliche Begrenzung gibt und sie die Einstiegsfrage ausführlich beantworten können. Das Prinzip Fremdheit besagt, dass die Interviewteilnehmer unterschiedliche Bezugssysteme besitzen und sich gegenseitig fremd sind. Von dem Interviewer wird in diesem Fall der sichere Umgang mit der Fremdheit erwartet. Er muss sich von seinen eigenen Interpretationen distanzieren, und versuchen die Äußerungen der Befragten über deren Logik zu verstehen (ebd. S. 22). Zudem ist es relevant, das vierte Prinzip in der Erhebungssituation umzusetzen. Das Prinzip Reflexivität bedeutet, dass der Interviewer sein Verhalten und den damit verbundenen Einfluss bewusst wahrnimmt und ihn kontrolliert einsetzt (ebd. S. 140).

In dieser Studie wurde das narrative Interview als Befragungsverfahren verwendet, weil die gemeinsame Geschichte der Ehepaare einen Ausschnitt aus deren Biographie darstellt, über den detailliert berichtet werden kann. Die Interviewpartner entwickeln die Narration entlang ihren eigenen Relevanzen und eröffnen einen umfassenden Zugang zu ihren Erfahrungswelten. Weiterhin haben sie die Möglichkeit, ihre subjektive Perspektive darzulegen, indem sie ihre persönlichen Deutungen, Bewertungen oder Begründungen thematisieren. Dadurch ist es möglich, mehr Informationen zu erhalten als bei standardisierten Interviewformen.

Für die Befragungen habe ich einen Leitfaden entwickelt. Dessen Aufbau orientiert sich am Ablauf des narrativen Interviews und beinhaltet die Erzählaufforderung sowie entsprechende Fragen für die Nachfrage- und Bilanzierungsphase. Diese Befragungstechnik, bei der ein Leitfaden verwendet wird, wird auch als Leitfaden-Interview bezeichnet. Die Reihenfolge und Formulierung der Fragen richtet sich nach dem Gesprächsverlauf und ist nicht vorgegeben (Helfferich 2005, S. 24). Der Interviewte kann über die für ihn relevanten Erlebnisse frei berichten und seine Antworten entsprechend des persönlichen Bezugrahmens formulieren. Damit entspricht das Leitfaden-Interview dem Prinzip der Offenheit. Einen Leitfaden habe ich zur Orientierung und Erinnerung an wichtige inhaltliche Aspekte eingesetzt. Durch die Erstellung konnte ich mich vorab mit dem Interviewthema auseinandersetzen und eruieren, welche Informationen ich erlangen möchte. Ein weiterer Vorteil besteht darin, dass der Informant durch konkretes Nachfragen unter Umständen zusätzliche Sachverhalte anspricht und das Gespräch auf diese Weise erweitert. Bei der Befragungsmethode

handelt es sich demnach nicht um ein klassisches narratives Interview, sondern um
ein narratives Interview mit Leitfaden.

3.2   Auswertungsverfahren

Ich untersuche das qualitative Datenmaterial sowohl inhaltlich als auch gesprächsana-
lytisch. Zunächst erstelle ich ein Gesprächsinventar nach den Vorgaben von Deppermann (2008, S. 34). Durch eine Inventarisierung kann sich der Forscher einen schnel-
len Überblick über das Datenmaterial, insbesondere über die Abfolge der Inhalte und
weitere interessante Phänomene verschaffen und systematisch auf einzelne Textstel-
len zugreifen. Weiterhin können Auffälligkeiten festgehalten und Vergleichspassagen
identifiziert werden (ebd. S. 32). Zudem ist eine genaue Inventarisierung erforderlich,
um herauszufinden, ob die Forschungsfrage überhaupt relevant ist oder ob die Interviewten etwas anderes in den Vordergrund stellen (ebd. S. 36). Danach beginne ich
mit der Auswertung.

3.2.1   Grobstrukturelle Analyse

Der Einstieg in die Gesprächsanalyse erfolgt mit einer makroskopischen Betrachtung,
die an die Inventarisierung anknüpft. Dabei werden die strukturellen Merkmale des
transkribierten Textes erarbeitet, d.h. wie die Interviewpartner ihre Narration aufbau-
en (ebd. S. 52). In einer Erzählung wird ein zeitlicher Wandel wiedergegeben, der einer Gliederung unterliegt. Der Erzähler unterteilt die gesamte Darstellung in einzelne
Abschnitte, aus denen er bestimmte Ereignisse auswählt und in einen Zusammenhang
bringt. Dadurch verleiht er dem Gesagten einen Sinn und formuliert eine Geschichte,
die der Zuhörer nachvollziehen kann (Lucius-Hoene, Deppermann 2004, S. 21). Die
einzelnen Segmente werden von ihm sprachlich markiert und somit voneinander ab-
gegrenzt. Durch die Analyse der Segmentierung kann die narrative Gliederung der
Lebensgeschichte aufgedeckt werden. Dieser Schritt ist hilfreich, um festzustellen,
welche Erfahrungskomplexe das Ehepaar besonders herausarbeitet, und welche Thematiken nur eine untergeordnete Rolle spielen (ebd. S. 109-114; S. 318).
Im Rahmen der grobstrukturellen Analyse ist ebenso von Interesse, wie Herr und
Frau Diallo mit der Zeit umgehen. Jede Erzählung kennzeichnet sich durch eine dop-

pelte Zeitperspektive. Im Interview vergegenwärtigt das Ehepaar selbst erlebte Ereignisse aus der Vergangenheit und formuliert eine zusammenhängende Geschichte. Da die Informanten zu diesem Zeitpunkt bereits wissen, wie sich ihre Geschichte entwickelt hat, verfügen sie über eine erweiterte Erkenntnisperspektive. Das heißt, einerseits können sie dieses Wissen bei ihrer Darbietung berücksichtigen, andererseits können sie sich in das Geschehen hineinversetzen und ihre damalige Sichtweise wiedergeben. Aus dieser doppelten Zeitperspektive ergibt sich ebenso eine Verdoppelung des Ich. Dabei wird unterschieden zwischen dem erzählenden Ich, das die aktuelle Position des Erzählers einnimmt, und dem erzählten Ich, das sich auf seine damalige Sichtweise bezieht (ebd. S. 24-29; S. 115-117). In diesem Zusammenhang bietet die Betrachtung der zeitlichen Ausdehnung von einzelnen Thematiken weitere Erkenntnismöglichkeiten. Das Ehepaar wurde gebeten, seine achtjährige Beziehung darzustellen, wobei es Unterschiede gibt, wie ausführlich Herr und Frau Diallo bestimmte Ereignisse ansprechen. Dadurch kann der Forscher die unterschiedliche Bedeutung der jeweiligen Zeitabschnitte erkennen (ebd. S. 80-81; S. 117-126). Zudem untersuche ich, welche Perspektiven die zwei Interviewten bei ihrer Narration einnehmen. Es besteht die Möglichkeit, dass sie ihre innere Erlebnisperspektive aufzeigen, indem sie Emotionen wiedergeben. Durch die Darstellung der Innensicht werden die geschilderten Ereignisse für den Interviewer nachvollziehbar und es entsteht eine größere Unmittelbarkeit. Bei der Einnahme einer unpersönlichen Außensicht dagegen berichten sie nur distanziert über das Geschehen und der Zuhörer erfährt nichts über beteiligte Gefühle. Damit entsteht ein Eindruck von subjektiver Beteiligung, Objektivität und Neutralität. Wechseln die Interviewten ihre Erzählperspektive, kann dies z.B. bedeuten, dass sich ihre Einstellung zu dem Geschehen verändert (ebd. S. 136-140).

3.2.2 Detaillierte Sequenzanalyse

Anhand der Ergebnisse der strukturellen Grobanalyse bestimme ich die Sequenzen, die ich einer Feinanalyse unterziehen werde. Dabei beachte ich besonders, dass diese im Zusammenhang zu den primären Untersuchungsfragen stehen und thematisch abgeschlossene Einheiten bilden. Die Bearbeitung der Textausschnitte erfolgt sequenziell, also nach ihrer Reihenfolge im Interview, wobei Zeile für Zeile analysiert wird.

Deppermann spricht diesbezüglich von dem sogenannten „Sequenzialitätsprinzip",
was für den Forscher bedeutet, dass er nicht vorgreift oder zwischen einzelnen Text-
ausschnitten wechselt (2008, S. 53-54).

Die Feinanalyse basiert auf drei Auswertungsschritten. Zuerst werden die Inhalte der
jeweiligen Sequenz beschrieben, um Gesprächsthemen zu identifizieren und zu verstehen, worüber Herr und Frau Diallo sprechen. Zudem dient die Paraphrase dazu,
Anspielungen und unverständliche Äußerungen aufzudecken und aufzuklären, worauf sich bestimmte Aussagen beziehen. Dadurch werden Missverständnisse ausgeschlossen und die Sequenz gewinnt an Verständlichkeit (ebd. S. 55-56).

Der nächste Schritt besteht in der detaillierten Interpretation, wobei untersucht werden soll, wie Herr und Frau Diallo ihre Aussagen darstellen und welche Bedeutung
beide auf diese Weise konstituieren. Dabei orientiere ich mich an den genauen Dar-
stellungen von Lucius-Hoene und Deppermann, die sich verschiedenen Verfahren
zuwenden, mit denen der Erzähler seine Äußerungen gestaltet und diesen einen Sinn
verleiht. Die Autoren beschäftigen sich insbesondere mit den Bereichen Deskription,
Stimmen und Perspektiven, Argumentation, Interaktionssteuerung sowie Reaktionen
auf Interviewaktivitäten (2004, S. 213-270).

Im letzten Schritt werden die Ergebnisse übergreifend bewertet, wobei ich die einzelnen Interviewausschnitte aufeinander beziehe und die wichtigsten Aspekte herausar-
beite. Zudem vergleiche ich den Primärfall auf inhaltlicher Ebene mit den anderen
Befragungen, um Unterschiede sowie Gemeinsamkeiten zu erfassen. Dabei werde ich
auch andere Quellen heranziehen und die Ergebnisse in Bezug zu einschlägigen
Theorien setzen.

4 Die Untersuchung

Im Rahmen der vorliegenden Studie habe ich drei bikulturelle Ehepaare befragt, bei denen deutsche Frauen mit einem ausländischen Mann verheiratet sind. Diese Eingrenzung bei der Partnerkonstellation habe ich bewusst vorgenommen, um eine einheitliche Basis für Vergleiche zu schaffen und mögliche Unterschiede und Gemeinsamkeiten erfassen zu können.

Darüber hinaus habe ich die Gespräche in Form von Paarbefragungen durchgeführt, obwohl dies im Grunde genommen im Widerspruch zum Konzept des narrativen Interviews steht. Dennoch habe ich mich für diese Herangehensweise entscheiden, damit beide Ehepartner ihre individuelle Sichtweise thematisieren können. Hier ist von Vorteil, dass sich die Ehepartner bei ihren Erzählungen gegenseitig ergänzen und korrigieren können, was insbesondere bei der detaillierten Darstellung der gemeinsamen Vergangenheit von Bedeutung ist. Außerdem besteht bei einer Paarbefragung die Möglichkeit, die Interaktion zwischen den Ehepartnern zu beobachten.

4.1 Vorstellung der Interviewpartner

Um die den Interviewpartnern zugesicherte Anonymität zu gewährleisten, habe ich deren Nachnamen geändert.

1. Interview: Ehepaar Enver

Herr Enver wurde im Kosovo geboren und ist vor zwölf Jahren nach Deutschland gekommen. Herr und Frau Enver kennen sich seit Mai 2001 und haben im August desselben Jahres geheiratet. Da die deutschen Behörden seinen Asylantrag abgelehnt haben und Herr Enver wenige Wochen nach dem Kennenlernen abgeschoben wurde, fand deren Hochzeit in seiner Heimat statt. Im Jahre 2002 ist Herr Enver nach Deutschland zurückgekommen und lebt seitdem mit seiner Frau zusammen. Frau Enver hat fünf Kinder, die sich gut mit ihrem Mann verstehen und von denen vier mit ihnen in der gemeinsamen Wohnung leben.

Herr und Frau Enver gehören zu dem Bekanntenkreis meiner Familie. Die Kontaktaufnahme und die Vereinbarung eines Treffens für das Interview erfolgten telefonisch. Bei dieser Gelegenheit erläuterte ich bereits mein Vorhaben sowie den Interviewablauf und sicherte Anonymität zu. Die Befragung fand im Wohnzimmer des Ehepaares statt und war mit einer Einladung zum ausgiebigen Kaffeetrinken verbunden.

2. Interview: Ehepaar Diallo

Herr Diallo stammt aus Sierra Leone, einer Republik in Westafrika und ist vor acht Jahren als unbegleiteter minderjähriger Flüchtling nach Deutschland gekommen. Er wurde in einem Kinder- und Jugendheim untergebracht, in dem Frau Diallo ein Praktikum absolvierte und ihn betreute. Auf diese Weise sind sie sich im Jahre 2002 begegnet. Seit Januar 2006 sind sie verheiratet und haben einen gemeinsamen Sohn im Alter von drei Jahren. Sie leben zusammen in einer eigenen Wohnung.

Frau Diallo gehört ebenso zu meinem Bekanntenkreis. Bei einem Treffen erzählte ich ihr von meiner Studie und sie erklärte sich sofort dazu bereit, diese zu unterstützen. Die Absprache mit ihrem Mann sowie die Terminvereinbarung für das Interview fanden einige Tage später telefonisch statt. Das Interview wurde in deren Küche durchgeführt und war mit einem dreitägigen Besuch bei ihnen verbunden.

3. Interview: Ehepaar Benchemsi

Herr und Frau Benchemsi kennen sich seit Dezember 2005 und haben im September 2008 geheiratet. Sie haben keine Kinder und leben seit April 2009 in einer gemeinsamen Wohnung. Herr Benchemsi ist Marokkaner und vor fünf Jahren im Rahmen eines Studiums nach Deutschland gekommen.

Der Kontakt zu dem Ehepaar wurde durch eine befreundete Kommilitonin hergestellt. Von ihr habe ich die Kontaktdaten von Frau Benchemsi erhalten, woraufhin ich mich mit ihr per E-Mail in Verbindung gesetzt und mein Vorhaben beschrieben habe. Im weiteren Schriftverkehr wurden Informationen zum Interviewablauf ausgetauscht und ein Termin vereinbart. In diesem Fall stellte sich lediglich Frau Benchemsi für eine Befragung zur Verfügung. Sie erklärte mir, dass ihr Mann nicht über persönliche Angelegenheiten sprechen wolle und deswegen die Teilnahme verweigere. Das Interview wurde in den Räumlichkeiten der Westsächsischen Hochschule Zwickau durchgeführt.

4.2   Durchführung der Gespräche

Zu Beginn der Befragungen erklärte ich in einer kurzen Einführung noch einmal das Thema meiner Studie und äußerte die Bitte, das Gespräch mittels eines Tonbandes aufzeichnen zu dürfen. Durch die Anfertigung einer Tonbandaufnahme wird das Datenmaterial gesichert, ohne bereits einer subjektiven Interpretation des Forschers zu unterliegen, wie es bei schriftlichen Notizen der Fall sein kann (Flick 1995, S. 160-161). Außerdem habe ich angenommen, dass die Übernahme der Erzählerrolle für die Befragten eine ungewöhnliche Aufgabe darstellt, da der Begriff Interview immer das Wechselspiel von Frage und Antwort impliziert. Deswegen habe ich den Ablauf der Interviewform erläutert und explizit auf meine passive Verhaltensweise hingewiesen. Die für das narrative Interview typische Strukturierung konnte ich bei zwei der Befragungen umsetzen, wohingegen sie im ersten Interview durchbrochen wurde. Da die Einstiegsfrage nicht den gewünschten Erzählfluss generierte, musste ich bereits nach wenigen Minuten in die Nachfragephase übergehen, wodurch das Interview die Form eines Gespräches annahm. Erst als ich die Befragung beenden wollte und mich danach erkundigte, ob die Informanten noch etwas ansprechen möchten, hat Herr Enver eine ausführliche Narration begonnen. Die narrativen Hauptteile dauerten zwischen sieben Minuten und einer Stunde. Nach Beendigung der Tonbandaufnahme folgte eine Unterhaltung zwischen den Interviewten und mir, die sich meist auf den weiteren Verlauf der Studie bezog.

Um das akustische Datenmaterial auswerten zu können, habe ich es transkribiert. Die Transkriptionen habe ich nach dem Gesprächsanalytischen Transkriptionssystem (GAT) [3] angefertigt. Die drei Gespräche liegen als Basistranskriptionen vor, in denen die Namen und Orte verändert wurden, um die Anonymität der Befragten zu gewährleisten.

Da die vorgegebene Struktur in dem ersten Gespräch nicht umgesetzt und das letzte lediglich mit Frau Benchemsi geführt wurde, habe ich das Ehepaar Diallo als Primärfall bestimmt. Deren Interview wies eine präzise Selbstthematisierung sowie narrative Darstellung auf und wurde deswegen als Orientierung für die anderen Fälle einge-

---

[3]   Nach Selting et al. 1998 – entnommen aus Deppermann 2008, S. 119-121

setzt. Für die Sequenzen, die ich detailliert analysiere, habe ich ein Feintranskript erstellt.

4.3   Fallanalyse – Ehepaar Diallo

Das Interview gliedert sich in fünf Passagen, die thematisch abgeschlossene Einheiten bilden. Zuerst berichten Herr und Frau Diallo, wann, wie und wo sie sich kennen lernten und schildern die weitere Entwicklung ihrer Beziehung. Nachdem sie ihren Heiratsentschluss begründet haben, folgt die Schilderung des Heiratsprozesses und der damit einhergehenden Erfahrungen mit den deutschen Behörden. Danach stellen beide die Reaktionen ihrer Familien auf die Beziehung dar und gehen auf Probleme ein, die innerhalb der Beziehung auftreten. Zum Schluss berichten Herr und Frau Diallo von der Fremdenfeindlichkeit, mit der sie in Deutschland konfrontiert wurden und stellen dabei den Unterschied zwischen Ost- und Westdeutschland heraus.

4.3.1   Gesprächsbeginn

Zunächst fordere ich das Ehepaar auf mir ihre Geschichte zu erzählen und leite das Interview auf diese Weise ein.

> I: „also zunächst ähm würde ich euch bitten mir zu erzählen wie sich eure geschichte
> zugetragen hat (-) am besten ihr beginnt mit eurem kennenlernen (-) wann und wo ihr euch
> das erste mal getroffen habt (-) vielleicht auch wie eure familien auf die beziehung reagiert
> haben u:nd erzählt dann all das was sich nach und nach zugetragen hat (-) das heißt wie sich
> die dinge entwickelten bis zum heutigen tag und ihr könnt euch dafür auch viel zeit lassen
> und alles erwähnen was euch dazu einfällt" (Transkript, Zeile 3-10)

Sowohl Herr als auch Frau Diallo versichern mir, dass sie meine Frage verstanden haben. Daraufhin beginnt Frau Diallo zu schildern, wie sie ihrem Mann im Jahre 2002 in einem Kinder- und Jugendheim begegnete, in dem sie als Praktikantin tätig war und ihn als unbegleiteten minderjährigen Flüchtling betreute. Nachdem sie erklärt hat, was unter einem unbegleiteten minderjährigen Flüchtling zu verstehen ist, steigt sie wieder in das Geschehen ein und sagt, dass Herr Diallo am Ende ihres Praktikums plötzlich verschwunden sei und sie nicht wusste wohin. Sie betont, dass ihre Beziehung bis dato nur auf einer Freundschaft basierte.

```
36  F:  ja (-) er hat dann jeden TAG bei mir zu hause bei meinen eltern
37      zu hause angerufen (-) wir haben telefoniert und telefoniert
38      und irgendwann hat sich rausgestellt dass du in der (2.0)
39      <<len> SCHWEIZ warst>
40      (3.0)
41      ähm ähm und [die]
42  M:            <pp> [das] muss man das löschen>
43  F:  ne:in das muss man NICHT löschen warum? das ist doch alles
44      anonymisiert dann ((lacht))
```

Frau Diallo legt dar, dass sie täglich mit ihrem Mann telefoniert habe und bekräftigt diese Aussage mit der Betonung von „TAG" (Z. 36) und der Wiederholung „telefoniert und telefoniert" (Z. 37). Hiermit zeigt sie außerdem, wie wichtig es ihm war, den Kontakt zu ihr nach seinem Verschwinden aufrechtzuerhalten. Danach spricht sie Herrn Diallo direkt an und erzählt, dass sich dieser in der Schweiz aufgehalten habe (Z. 38-39). Mit einer Pause vor der Benennung des Aufenthaltsortes signalisiert sie das Rederecht an ihn abgeben zu wollen (Z. 39). Es scheint, als solle er ihren Satz fortführen und sein damaliges Geheimnis selbst lüften. Er nimmt das Angebot, die Sprecherrolle zu übernehmen jedoch nicht an und hält sich zurück. Schließlich beendet sie ihren Satz eigenhändig, wobei sie langsam spricht und „SCHWEIZ" deutlich betont (Z. 39). Dann macht sie eine erneute Pause und beginnt nach Wörtern zu suchen (Z. 40-41). In diesem Moment wird sie von ihrem Mann unterbrochen, der mich als Interviewerin auffordert, die Äußerung seiner Frau zu löschen (Z. 42). Aufgrund seiner leisen Sprechweise wirkt Herr Diallo ängstlich und nervös. Diesen Eindruck vermittelt er auch auf nonverbaler Ebene, da er das Aufnahmegerät bis dahin kaum aus den Augen ließ und es mehrfach in die Hand nahm. Dieses Verhalten und der Ausdruck „das muss man das löschen" sind besonders interessant. Beides verdeutlicht, dass ihn sein illegaler Aufenthaltsstatus und die damit verbundene Angst abgeschoben zu werden in der Vergangenheit sehr geprägt haben und auch gegenwärtig noch emotional belasten. Er scheint nach wie vor zu befürchten, dass der unrechtmäßige Aufenthalt in der Schweiz sein jetziges Leben in Deutschland gefährden könne. Frau Diallo reagiert auf die Forderung ihres Mannes sofort mit einem Widerspruch, wobei sie diesem durch das gedehnte „ne:in" und die Betonung des Adverbs „NICHT" Nachdruck verleiht (Z. 43). Auf die folgende Frage „warum?" erwartet sie keine Antwort, da sie ohne Pause fortfährt und erklärt, dass alle Angaben, die im Interview gemacht werden, anonymisiert werden (Z. 43-44). Ihr Lachen am Satzende könnte einerseits darauf zurückzuführen sein, dass sie die Reaktion ihres Mannes

amüsant findet. Andererseits könnte dies auch darauf hindeuten, dass sie deren Bedeutung herunterstufen will (Z. 44).

Nach der Unterbrechung durch ihren Mann führt Frau Diallo ihre Narration fort und
kommt auf ihre Reise in die Schweiz zu sprechen. Dabei haben sich beide näher kennen gelernt und seien letztendlich eine feste Beziehung eingegangen. Sie fügt hinzu,
dass Herr Diallo einige Monate später nach Deutschland zurückgekehrt sei. Den
Grund für sein Verschwinden und die anschließende Rückkehr findet sie darin, dass
sein Asylantrag in Deutschland abgelehnt wurde und er versuchte woanders eine Genehmigung zu erwirken. Da er in der Schweiz diesbezüglich jedoch auch keinen Erfolg hatte, sei er wieder nach Thüringen gekommen, woraufhin sich ihre Beziehung
folgendermaßen entwickelte:

> F: „wir haben dann ein stück zusammen gelebt ich hab ja dann studiert in e-stadt er hat in
> k-stadt gelebt im asylheim dann weil er dann über 16 war (---) und da auch glaube ich aus
> dem kinder- und jugendheim freiwillig raus wollte (3.0) ja dann hat er eben im asylheim
> gewohnt und ich hab in e-stadt studiert (-) dann hat sich unsere beziehung pff (--) ganz
> GUT entwickelt <<lachend> das war alles> ganz toll und schön und verliebt und so"
> (Transkript, Zeile 55-62)

Danach gerät Frau Diallo ins Stocken und überlegt eine Weile, bevor sie von dem
gemeinsamen Heiratsentschluss berichtet, den sie im Jahre 2004 gefasst haben, um
ein normales Familienleben führen zu können. Erklärend fügt sie hinzu, dass ein geduldeter Ausländer in Deutschland nicht arbeiten und weder verreisen noch die Stadt
verlassen könne. Die beschriebene Situation beurteilt sie anschließend als schwierig
und begründet damit ihre Entscheidung zu heiraten. Sie betont, dass sich beide geliebt haben und die Hochzeit ihnen ein Leben mit Arbeit und einer eigenen Wohnung
ermöglichen sollte.

```
74   F :  und dieses ganze PROZEDERE mit der HEIRAT war natürlich ein
75        richtiger KAMPF (-) die deutschen behörden haben uns alle
76        möglichen STEINE in den weg gelegt (--) u:nd am 16.01.2006
77        haben wir dann DOCH geheiratet (2.0) dazwischen waren aber
78        VIELE TAGE und wochen mit ganz viel angst wegen abschiebung und
79        (2.0) ja rausschmiss ganz einfach aus deutschland weil er eben
80        nur diesen duldungsstatus hatte
```

Frau Diallo wertet ihren Heiratsprozess als Kampf und untermauert diese Aussage
durch die Betonung der zentralen Begriffe „PROZEDERE" (Z. 74), „HEIRAT"
(Z. 74) sowie „KAMPF" (Z. 75). Damit zeigt sie, wie mühsam und beschwerlich es
war die Ehe mit einem Ausländer einzugehen und weist die Schuld dafür im nächsten

Satz den deutschen Behörden zu (Z. 75-76). Mit der Redensart „jemanden Steine in den Weg legen" (Z. 76) macht sie implizit deutlich, dass diese ihnen bewusst Schwierigkeiten bereitet und die Hochzeit somit behindert haben. Auf diese Weise vermittelt sie ein negatives Bild von den deutschen Behörden, was sie mit der Wendung „alle möglichen" (Z. 75-76) und dem betonten Substantiv „STEINE" (Z. 76) zusätzlich verstärkt. Dann erzählt sie, dass beide im Januar 2006 geheiratet haben, wobei dieser Vorgriff als Pointe fungiert (Z. 76-77). Indem sie das Adverb „DOCH" (Z. 77) betont, hebt sie den positiven Ausgang hervor und lässt diesen anschließend in einer kurzen Pause wirken. Als nächstes schildert sie die Angst vor der Abschiebung ihres Mannes, da dieser während des Heiratsprozesses lediglich einen Duldungsstatus hatte (Z. 77-80). Ausdrücke wie „VIELE TAGE" (Z. 78) und „ganz viel angst" (Z. 78) lassen erkennen, wie intensiv und emotional belastend diese Furcht für sie war.

Anschließend fasst sie ihre Hochzeit als nervenaufreibend zusammen und fordert ihren Mann auf von dieser zu erzählen. Herr Diallo nimmt das Aufnahmegerät daraufhin erneut in die Hand und verstärkt den Eindruck seiner Unsicherheit. Entgegen der Forderung seiner Frau beginnt er vorerst zögerlich über seine Ankunft in Deutschland zu sprechen. Er berichtet, dass ihn die Polizei im Jahre 2002 in Düsseldorf empfangen und in eine Erstaufnahmeeinrichtung nach Thüringen geschickt habe. Von dort wurde er nach zwei Wochen in das Kinder- und Jugendheim verwiesen, in dem er seine Frau kennen lernte, wobei ihm zugesichert wurde, eine Schule besuchen und sich sportlich betätigen zu können. Gleich darauf schränkt er ein, dass sein Antrag für beides vom Jugendamt abgelehnt wurde und sich sein Alltag stattdessen wie folgt gestaltet habe:

> M: „von schule hatte ich keine möglichkeit gekriegt hatte ich für sport keine möglichkeit gekriegt und da ja (--) jeden tag sollten wir halb sieben aufstehen und mittagsschlaf machen und die zu hause (---) halb sechs mussten wir zu hause sein (--) ja da bin damit gelebt bis zum einen jahr das war für mich zu viel weil ich kann nicht in die schule zu gehen ich kann nicht sport machen gar nicht einfach essen schlafen essen schlafen (1.5) und da auf jeden fall wenn ich von haus raus bin muss ich jede drei stunden zu hause wieder noch mal melden (-) wenn ich (3.0) ganzen tag nicht zu hause gemeldet hab oder nach 18 uhr wenn ich nicht zu hause gekommen bin werde bei die polizei angemeldet müssen sie mir suchen ins heim wieder zu holen" (Transkript, Zeile 110-122)

Da er dieses Leben nach einem Jahr nicht mehr ausgehalten habe, habe er im Alter von 16 Jahren den Wechsel in ein Asylheim beantragt, der von dem zuständigen Jugendamt unter Berufung auf seine Volljährigkeit sofort genehmigt wurde. Frau Diallo fügt erklärend hinzu, dass man diese laut Asylgesetz bereits mit 16 Jahren erlange,

wohingegen man in Deutschland erst mit 18 Jahren volljährig sei. In einer Rückblen-
de kommt Herr Diallo anschließend auf die Begegnung seiner Frau zu sprechen, die
mit ihrer Darstellung zu Beginn des Interviews korrespondiert. Nach diesem zeitlichen Sprung zurück in die Vorgeschichte knüpft er wieder an der Stelle des Ein-
schubs an und kommt zu dem Schluss, dass es in dem Asylheim auch keine Zukunft
für ihn gab und er mit der Hoffnung auf ein besseres Leben in die Schweiz gegangen
sei. Daraufhin stellt er sein Verschwinden und die Rückkehr nach Deutschland in einer Zeitraffung dar. Er erzählt, dass er nach seiner Ankunft in demselben Asylheim
untergebracht wurde wie zuvor und ihn nichts anderes interessierte als bei seiner Frau
zu sein. Dann wiederholt er die Aussage von Frau Diallo, dass sie schließlich auf die
Idee gekommen seien zu heiraten.

```
172   F:  ich  möchte  noch  kurz  dazu  sagen  dass  wir  NICHT  geheiratet
173       hätten  (-)  NOCH  NICHT  geheiratet  hätten  wenn  der  druck  von  den
174       gesetzen  her  nicht  gewesen  wäre  (---)  <<all>  dann  hätten  wir
175       mit    sicherheit>   SPÄTER   geheiratet   und   wären   erst
176       zusammengezogen  und  so  weiter  und  hätten  uns  NOCH  besser  kennen
177       gelernt  und  von  meiner  warte  aus  hätte  ich  zu  dem  zeitpunkt
178       <<len>  noch  nicht  heiraten  WOLLEN  unbedingt>
179   M:  ich  auch  nicht  (-)  in  dem  moment  wollte  ich  auch  nicht  (-)  also
180       ich  wollte  heiraten  schon  aber  an  dem  zeitpunkt  <<len>  war  für
181       mich  nicht  so  unbedingt>
```

An dieser Stelle merkt Frau Diallo, dass sie ihre vorangegangene Äußerung zu der
Thematik Heiratsentschluss ergänzen muss und leitet ihren Nachtrag mit der Floskel
„ich möchte noch kurz dazu sagen" ein (Z. 172). Sie erzählt, dass sie sich lediglich
aufgrund des Druckes durch die Gesetzgebung das Jawort gegeben haben
(Z. 172-174). Dabei unterstreicht sie ihre Aussage durch die Betonung des Adverbs
„NICHT" (Z. 172). Die bewusste Korrektur von „NICHT" zu „NOCH NICHT"
(Z. 172-173) deutet allerdings darauf hin, dass sie nicht ausschließlich der Gesetze
wegen geheiratet haben, aber diese offenbar zur Beschleunigung des Prozesses führten. Diesen Eindruck bestätigt Frau Diallo mit der nun folgenden Erläuterung. Sie
sagt, dass sie sicherlich erst zusammengezogen wären, um sich besser kennen zu lernen und später geheiratet hätten (Z. 174-177). Durch die Wendung „mit sicherheit"
(Z. 175) und dem betonten Adverb „SPÄTER" (Z. 175) untermauert sie dieses hypo-
thetische Verhalten und zeigt, wie überzeugt sie davon ist. Ihrer Meinung nach habe
die frühe Heirat also die Phase des gegenseitigen Kennenlernens verkürzt. Dann stellt

Frau Diallo noch einmal klar, dass sie zu jenem Zeitpunkt noch nicht heiraten wollte und schließt auf diese Weise ihre Ergänzung ab (Z. 176-178). Indem sie langsam spricht und das Verb „WOLLEN" (Z. 178) betont, verleiht sie ihrem Standpunkt Nachdruck und macht deutlich, dass ihr eigentlicher Wille in dieser Situation keine Rolle spielte und sie sich durch den Druck der Gesetze gezwungen sah zu handeln. Anschließend übernimmt Herr Diallo das Rederecht und stimmt dem Gesagten seiner Frau mit „ich auch nicht" (Z. 179) zu, was er gleich darauf wiederholt (Z. 179). Er präzisiert diese Aussage und fügt erklärend hinzu, dass er im Grunde genommen heiraten wollte, aber der Zeitpunkt für ihn noch zu früh war (Z. 180-181). Die langsame Sprechweise am Satzende hebt seine Ansicht hervor und lässt erkennen, dass beide diesbezüglich die gleiche Meinung vertreten (Z. 181).

Im Anschluss kommt Frau Diallo noch einmal auf die Rückreise ihres Mannes nach Deutschland zu sprechen und fordert ihn auf darüber zu berichten. Diese sei aufgrund der fehlenden Ausweisdokumente alles andere als einfach gewesen. Herr Diallo nimmt Bezug auf die Äußerung seiner Frau und erklärt, dass man beim Überqueren der Grenze ohne Papiere auf fremde Unterstützung angewiesen sei. Er stellt klar, dass man es alleine nicht schaffen würde und ihm die Deutschen und Schweizer in diesem Fall sehr geholfen haben. Danach beendet Frau Diallo das Thema und leitet eine Erzählung zu ihrem Heiratsprozess ein. In diesem Zusammenhang berichtet sie zuerst von einem Besuch bei Angehörigen ihres Mannes, der folgendermaßen ablief:

> F: „den haben wir dann erzählt dass wir jetzt auch heiraten wollen aus dem und dem grund (--) ja und wollten uns dort einfach rat holen wie die das damals gemacht haben denn die sind auch schon verheiratet hier in deutschland (-) der mann ist auch afrikaner und sie ist deutsche (-) er war damals genauso auch in duldung ((räuspert sich)) genau und wir wollten uns einfach rat holen wie wir das machen und da gab es dann verschiedene möglichkeiten (1.2) erst mal hat (-) und das ist mit heute noch ganz doll im kopf (-) die frau von m.´s onkel (-) also diese tante mir gesagt WILLST du wirklich heiraten WILLST du das (-) willst du das wirklich ich denke wenn du anfängst und hast angst und sagst ah ich kann das jetzt zwischendurch nicht mehr dann wird das alles auch nichts und dann gefährdest du auch den m. dass er gar nicht mehr hier bleiben kann sondern abgeschoben wird (2.0) ja der entschluss stand aber allerdings fest und wir haben das dann ähm ja mit dem mit tante und onkel ausdiskutiert" (Transkript, Zeile 200-216)

Danach kommt sie auf die Möglichkeiten der Heirat im Ausland zu sprechen und berichtet, dass sie sich erst einmal in Dänemark erkundigt haben. Die entgültige Entscheidung in Deutschland zu heiraten begründet sie damit, dass geduldete Ausländer in Dänemark zu diesem Zeitpunkt nicht heiraten durften und es diesbezüglich bereits zunehmend Kontrollen gab. Also haben sie sich dazu entschlossen das Standesamt in der Heimatstadt von Frau Diallo in Thüringen aufzusuchen.

Im Rahmen einer gesprächsanalytischen Untersuchung ist es empfehlenswert mit dem Gesprächsbeginn einzusetzen, da in Initialpassagen häufig Rahmensetzungen erfolgen, die den weiteren Verlauf wesentlich bestimmen (Deppermann 2008, S. 36-37). Die ersten Minuten des Interviews geben einen Überblick über die Geschichte des Ehepaares, von der Ankunft des Mannes in Deutschland, bis zu der gemeinsamen Hochzeit. Dabei liefern die Interviewpartner mit der Definition rechtlicher Begriffe und der Beschreibung der Gesetzeslage eine Grundlage für das weitere Verständnis des Gespräches. Außerdem ziehen sich die dargestellten Probleme, wie ihre Erfahrungen mit Diskriminierung, als Thematik durch das gesamte Interview genauso wie die Stärke und Entschlossenheit diese zu überwinden. Somit werden zu Beginn des Gespräches bereits viele wichtige Punkte angesprochen, auf die Herr und Frau Diallo noch ausführlicher eingehen und die ich bei der späteren Analyse wieder aufgreifen werde.

4.3.2   Erstes Problemfeld: Diskriminierungen durch die Behörden

4.3.2.1 Die Standesbeamtin - 1

```
238   F:  da hat sich allerdings ganz schnell herausgestellt dass die
239       frau gar die frau vom standesamt gar nicht <<lachend> sehr nett
240       war> (-) die hat uns erst mal gesagt welche papiere wir
241       bräuchten (.) hat uns einen zettel mitgegeben diese und JENE
242       papiere brauchen wir (4.0) das war gar nicht so einfach das
243       ÜBERhaupt zu beschAFFEN aber davon können wir ja nachher noch
244       erzählen (--) ja (--) und die frau: hat (-) das hat sich später
245       rausgestellt hat immer mit der ausländerbehörde k-stadt wo m.
246       gemeldet war ZUSAMMENgearbeitet obwohl sie das nicht hätte
247       machen MÜSSEN (3.0) sie hat also wenn m. in t-stadt ZU BESUCH
248       war in anführungsstrichen ähm in der ausländerbehörde angerufen
249       in k-stadt und nach einer BESUCHSerlaubnis gefragt denn immer
250       wenn <<len> einer mit duldung> (-) ein mensch mit duldung die
251       stadt oder den landkreis verLÄSST dann braucht er eine eine
252       erlaubnis um diese räumliche beschränkung verlassen zu dürfen
253       (3.0) das hatten wir natürlich NIE weil wir das von t-stadt
254       nach k-stadt sind es halt irgendwie zwölf oder so kilometer und
255       (-) ja wir haben das nicht so richtig eingesehen dass wir das
256       brauchten aber die frau hat uns damit halt immer noch ein stück
257       einen reingewürgt oder WOLLTE uns einen reinwürgen (-) ja
```

Zu Beginn der Sequenz stellt Frau Diallo fest, dass die Standesbeamtin sehr un-
freundlich war und erzählt, dass sie das Ehepaar zunächst über die für eine Heirat
notwendigen Dokumente informiert habe (Z. 238-242). Danach räumt sie ein, dass es
nicht einfach war diese zu besorgen und gibt an, im weiteren Verlauf des Interviews
ausführlicher auf diese Thematik einzugehen (Z. 242-244). Anschließend kommt sie
wieder auf die Standesbeamtin zu sprechen und sagt, dass sie freiwillig mit der Ausländerbehörde in K-Stadt, bei der ihr Mann gemeldet war, zusammengearbeitet habe
(Z. 244-247). Diese Zusammenarbeitet erläutert sie dahingehend, dass sie sich bei der
Ausländerbehörde sofort nach einer Besuchserlaubnis erkundigt habe, sobald sich
Herr Diallo in T-Stadt aufgehalten hat (Z. 247-249). Erklärend fügt sie hinzu, dass
ein geduldeter Ausländer eine Genehmigung benötige, um die Stadt oder den Land-
kreis, in dem er gemeldet ist, verlassen zu dürfen (Z. 249-252). Danach macht sie eine kurze Pause, bevor sie anmerkt, die sogenannte Erlaubnis zum Verlassen der
räumlichen Beschränkung niemals beantragt zu haben (Z. 253). Das begründet sie
damit, dass T-Stadt und K-Stadt lediglich zwölf Kilometer voneinander entfernt liegen und sie die Notwendigkeit der Erlaubnis daher nicht eingesehen habe (Z. 353-
256). Sie schließt ihre Erzählung ab, indem sie betont, dass ihnen die Mitarbeiterin
des Standesamtes damit absichtlich schaden wollte (Z. 256-257).

Mit der anfänglichen Evaluation der Standesbeamtin als „gar nicht sehr nett" (Z. 239)
kündigt Frau Diallo ihre kommende Erzählung zu deren Verhalten an. Dabei zeigt ihr
Lachen einerseits, wie absurd ihr dieses erscheint und andererseits, dass sie die Mitarbeiterin des Standesamtes heutzutage aus einer überlegenen Perspektive betrachtet.
Die Ausführungen, die sie anschließt, lassen zunächst nicht erkennen, worin das eigentliche Problem bestand. Sie erzählt, dass sie das Ehepaar darüber in Kenntnis gesetzt habe, welche Dokumente für eine Heirat erforderlich seien (Z. 240-242). In einem Vorgriff fasst sie deren Beschaffung als „gar nicht so einfach" (Z. 242) zusammen und untermauert diese Aussage durch die Betonung von „überHAUPT" (Z. 243)
sowie „beschAFFEN" (Z. 243). Indem sie danach explizit darauf hinweist, dass dieses Thema später erneut eine Rolle spielen wird, steigert sie die Spannung (Z. 243-
244). Diesen Vorgriff grenzt Frau Diallo durch eine Pause von vier Sekunden von der
vorangegangenen Erzählung ab und kommt anschließend wieder auf die Standesbeamtin zu sprechen. Sie berichtet von deren Zusammenarbeit mit der Ausländerbehörde in K-Stadt, bei der ihr Mann gemeldet war und verleiht dieser Tatsache durch die

Verwendung des Adverbs „immer" (Z. 245) und dem betonten Verb „ZUSAMMEN-
gearbeitet" (Z. 246) Nachdruck. Damit gibt Frau Diallo schließlich den Grund für ihre abwertende Fremdpositionierung zu Beginn an. Die zeitliche Einordnung „später"
(Z. 244) steht dabei allerdings im Gegensatz zu der Aussage im ersten Satz, dass sie
die Unfreundlichkeit der Standesbeamtin „ganz schnell" bemerkt habe. Das deutet
darauf hin, dass sie anfänglich auf eine weitere Begebenheit anspielt, auf die sie an
dieser Stelle jedoch keinen Bezug nimmt. Mit der Konjunktion „obwohl" (Z. 246)
schränkt sie gleich darauf ein, dass die Zusammenarbeit auf freiwilliger Basis beruhte
und nicht obligatorisch war. Dabei spricht sie sehr deutlich und betont das Modalverb
„MÜSSEN" (Z. 247), was sowohl anklagend wirkt als auch ihre Empörung zum
Ausdruck bringt. Zudem markiert sie ihre Äußerung dadurch als Kernaussage der Sequenz und vermittelt ein negatives Bild der Standesbeamtin, die dem Ehepaar mit ihrem Verhalten bewusst Schwierigkeiten bereiten wollte. Dieses Bild lässt sie danach
in einer kurzen Pause wirken und verstärkt es zusätzlich, indem sie anschließend erläutert, worin genau die Zusammenarbeit bestand. Durch die Betonung von „ZU BE-
SUCH" (Z. 247) und die angewandte Redensart „in anführungsstrichen" (Z. 248)
stuft Frau Diallo die Bedeutung der „BESUCHSerlaubnis" (Z. 249) herunter und erweckt den Anschein, dass sie diese als unnötig erachtet. Die folgende Erklärung, was
unter einer Besuchserlaubnis zu verstehen ist, fügt sie als Hintergrundinformation an
und gewährleistet damit mein Verständnis bezüglich dieser Problematik (Z. 249-252).
Auf diese Weise steigt sie vorübergehend aus dem Geschehen aus und präsentiert ihre Person als Expertin auf dem Gebiet von ausländerrechtlichen Bestimmungen. Infolge der langsamen Sprechweise erscheint Frau Diallo genervt, was den Eindruck ihrer Gleichgültigkeit gegenüber der Besuchserlaubnis zusätzlich verstärkt. Darüber hinaus fällt auf, dass die Erklärung abgespult wirkt. Dieser Aspekt weist darauf hin,
dass sie bereits oft gezwungen war, sich mit der Verordnung auseinanderzusetzen
und diese daher in ihrem Gedächtnis verankert ist. Dann gibt sie an, die Erlaubnis
zum Verlassen der räumlichen Beschränkung niemals eingeholt zu haben. Durch das
Adverb „natürlich" (Z. 253) und die Betonung von „NIE" (Z. 253) wertet sie ihr Verhalten als selbstverständlich und macht damit erneut implizit deutlich, wie abwegig
diese Verordnung in ihren Augen ist. Im Anschluss daran geht sie mit der Konjunktion „weil" (Z. 253) in eine Argumentation über und verlässt dabei die Rolle ihres erzählten Ichs. Mit dem Argument der geringen Entfernung zwischen T-Stadt und

K-Stadt rechtfertigt sie sich vor mir als Interviewerin und bestätigt schließlich explizit den zuvor erweckten Anschein, dass sie die Besuchserlaubnis als unnötig erachtet
(Z. 253-256). Dabei schreibt sie ihrem Mann mit der Verwendung des Pronomens
„wir" die gleiche Einstellung zu. Danach kommt sie zurück auf das eigentliche Problem, dass ihnen die Standesbeamtin absichtlich schaden wollte und hebt die zentrale
Aussage noch einmal hervor. Frau Diallo stellt mit der bewussten Korrektur von
„hat" (Z. 256) zu dem betonten „WOLLTE" (Z. 257) jedoch klar, dass die Zusammenarbeit mit der Ausländerbehörde keine Wirkung gezeigt hat und das Verhalten
der Standesbeamtin erfolglos war. Damit kehrt sie in ihre überlegene Perspektive
vom Beginn zurück und schließt die Sequenz ab.

Im Anschluss folgt ein weiterer Abschnitt über die Erlaubnis zum Verlassen der
räumlichen Beschränkung und die damit verbundene Frage, wann diese erforderlich
sei. Dann kommt Frau Diallo auf die Beschaffung der notwendigen Papiere für ihre
Heirat zu sprechen, die sie zuvor bereits erwähnte und als schwierig zusammenfasste.
Sie erklärt, dass es sich dabei um den Ausweis ihres Mannes sowie die Genehmigung
von dessen Vormund handelte. Die Vormundschaft habe das Jugendamt in K-Stadt
besessen, welches sich jedoch gegen eine Heirat ausgesprochen und die Erlaubnis
nicht erteilt habe. Aus diesem Grund seien sie vor das Familiengericht gezogen und
wurden dort zu einer Anhörung gebeten. Der positiv ausgefallene Gerichtsentscheid,
den sie nach drei Monaten erhalten haben, war allerdings nicht ausreichend und die
Standesbeamtin habe zusätzlich eine Totenbescheinigung vom Vater ihres Mannes
verlangt. Sie stellt fest, dass sie diese im Grunde genommen nicht gebraucht haben
und betont, dass sie lediglich gefordert wurde, um die Eheschließung zu erschweren.
Daraufhin leitet sie zu der Passbeschaffung ihres Mannes über, die ihrer Aussage
nach nicht einfach und teuer war. Sie erzählt, dass der Ausweis 450 Euro gekostet
habe und von der Standesbeamtin aufgrund eines fehlenden Stempels nicht akzeptiert
wurde. Diese sogenannte Echtheitsbeglaubigung haben sie von der Botschaft nach-
tragen lassen und mussten dafür erneut 250 Euro bezahlen.

4.3.2.2 Die Ausländerbehörde

```
370   F:  gut dann hatten wir den pass: zur zum standesamt gebracht (-)
371       den durften wir gleich wieder noch mal MITNEHMEN WEIL der muss
372       ja auch von der ausländerbehörde in k-stadt genehmigt sein und
```

```
373        da liegt der hase im PFEFFER (-) wenn ich nämlich meinen PASS
374        bei der ausländerbehörde in äh also eigentlich EGAL [WO abgebe]
375   M:                                                      [also deine]
376        deine nicht (.) mein ausweis
377   F:   als AUSLÄNDER mit DULDUNG abgebe genau (--) und der einzige
378        duldungsgrund ist dass du keine PASS- keinen pass hast zum
379        abschieben    dann <<len> behÄlt diese behörde
380   M:              [ja]
381   F:   den pass gleich ein zumindest in den meisten überwiegenden
382        fällen> und bereitet alles zur abschiebung vor sodass wir also
383        wirklich ganz ganz ganz doll angst vor diesem moment hatten den
384        pass in der behörde abzugeben (2.0) wir haben uns wirklich
385        TAGElang NUR glaube ich eingeschlossen und waren gar nicht mehr
386        <<lachend> herr unserer sinne> wir haben nur noch GEWEINT und
387        ge- GEZITTERT und gebangt wie das jetzt weitergehen soll wir
388        wollten das ganze schon ABbrechen weil wir gesagt haben das ist
389        einfach zu gefährlich und was ist wenn der jetzt den pass
390        behält? (2.0) dann ist er weg (-) ja (3.0) wir waren bei allen
391        möglichen sozialstationen und haben uns dort noch mal erkundigt
392        ob es nicht doch noch einen anderen weg gibt den pass NICHT
393        abgeben zu müssen oder nicht den pass VORZEIGEN zu müssen bei
394        der ausländerbehörde aber es ging anscheinend kein anderer weg
395        rein und deswegen sind wir dann (-) den tag weiß ich auch nicht
396        mehr (-) zur ausländerbehörde hingegangen (-) MIT dem pass (-)
397        haben den pass abgegeben immer die telefonnummer und das handy
398        bereit unsere anwältin anzurufen falls sie ihn gleich von der
399        ausländerbehörde aus abholen (-) die polizei (-) und in
400        gewahrsam nehmen (-) und zur abschiebehaft bringen so (3.0)
401        also wir sind da mit SCHlotternden KNIEN rein kann man sagen
402        und haben dort den pass vorgezeigt
```

Frau Diallo beginnt die Sequenz mit der Feststellung, dass sie den neuen Pass beim Standesamt abgegeben haben und dieser nicht akzeptiert wurde, da er noch nicht von der zuständigen Ausländerbehörde genehmigt war (Z. 370-372). Sobald ein geduldeter Ausländer, bei dem die Aussetzung der Abschiebung aufgrund fehlender Ausweisdokumente gegeben ist, seinen Pass bei der Ausländerbehörde abgibt, behalte sie diesen sofort ein und bereite die Abschiebung vor (Z. 372-382). Sie betont, dass sie deswegen große Angst davor hatten und sich tagelang eingeschlossen haben (Z. 382-385). Zudem seien sie nicht mehr Herr ihrer Sinne gewesen und haben nur noch geweint sowie gezittert (Z. 385-387). Im Anschluss daran berichtet sie von der Überlegung ihre Hochzeit abzubrechen, um den Aufenthalt von Herrn Diallo in Deutschland nicht zu gefährden (Z. 387-390). Sie erzählt, dass sie diesbezüglich Rat bei Sozialstationen gesucht haben und kommt zu dem Schluss, dass es keine andere Möglichkeit gab, als den Pass bei der Ausländerbehörde abzugeben, was sie schließlich auch getan haben (Z.390-397). Dabei seien sie immer bereit gewesen ihre Anwältin anzurufen, falls die Polizei Herrn Diallo sofort abholt und zur Abschiebehaft bringt (Z. 397-400). Am Ende wiederholt sie, dass sie den Ausweis letzten Endes vorgezeigt haben und erweitert diese Aussage um die Beschreibung „mit SCHlotternden KNIEN" (Z. 401-402).

Frau Diallo leitet ihre Erzählung mit „gut dann" (Z. 370) ein und kennzeichnet auf diese Weise einen Fokuswechsel. Sie erzählt, dass sie den neu erworbenen Pass zunächst zum Standesamt gebracht haben und dieser nicht akzeptiert wurde. Dabei lässt sie die Betonung des Verbs „MITNEHMEN" (Z. 371) genervt erscheinen. Die folgende Begründung gibt Aufschluss über das eigentliche Thema der Sequenz, nämlich die Abgabe des Passes bei der Ausländerbehörde. Mit der verwendeten Redensart „da liegt der Hase im Pfeffer" (Z. 372-373) gibt sie bereits eine Einschätzung ab und verdeutlicht, dass es sich dabei um eine schwierige Angelegenheit handelte. Gleich darauf erklärt sie, dass der Aufenthalt ihres Mannes in Deutschland gefährdet war und macht damit das Ausmaß der Schwierigkeit ersichtlich. Durch die Betonung der Wörter „EGAL WO" (Z. 374) verleiht sie ihrer Aussage Allgemeingültigkeit und zeigt gleichzeitig, in welcher Zwangslage sie sich befanden. In diesem Moment wird sie von ihrem Mann unterbrochen, der ihr zu verstehen gibt, dass es sich um seinen Ausweis handelte (Z. 375-376). Dieser Einschub ist darauf zurückzuführen, dass Frau Diallo in ihrer Erklärung das Pronomen „ich" verwendet. Entgegen der Vermutung ihres Mannes, dass sie das Gesagte auf sich selbst bezieht, macht sie mir als Interviewerin dadurch lediglich die Problematik der Situation verständlich. Sie gibt seinen Einwand jedoch statt und ersetzt das Pronomen „ich" schließlich durch den betonten Ausdruck „AUSLÄNDER mit DULDUNG" (Z. 377). Daraufhin beendet sie ihren Satz, wobei sie die zentrale Aussage durch eine langsame Sprechweise und die Steigerung „meisten überwiegenden" (Z. 381) hervorhebt. Anschließend kehrt sie in die Perspektive ihres erzählten Ichs zurück und macht ihre damalige Innensicht des Erlebens sichtbar. Sie erzählt, dass beide Angst vor der Passabgabe bei der Ausländerbehörde hatten und verstärkt ihre Aussage durch das Adverb „wirklich" (Z. 383) sowie die Wiederholung „ganz ganz ganz" (Z. 383). Dann setzt sie ihre Gefühlsbeschreibung mit expressivem Vokabular fort und erzielt damit eine zunehmende Dramatisierung. Die Tatsache, dass sie sich tagelang eingeschlossen haben, lässt ihre Verzweiflung erkennen. Durch die Betonung von „TAGElang" (Z. 385) hebt sie die lange

Dauer hervor, so dass es wirkt, als wollten sie ihre Augen vor der unangenehmen Realität verschließen, indem sie sich von der Außenwelt abschotten. Frau Diallo fügt hinzu, dass beide nicht mehr Herr ihrer Sinne waren und nur noch geweint sowie gezittert haben. An dieser Stelle fällt auf, dass ihr Lachen im Widerspruch zu der Äußerung steht (Z. 386). Dadurch vermittelt sie den Anschein einer größeren Distanz und zeigt, dass sie das Gesagte als abgeklärt betrachtet. Zudem macht sie ihre damalige Angst durch die Betonung der zentralen Begriffe „GEWEINT" (Z. 386) und „GE-ZITTERT" (Z. 387) erneut deutlich. Der Gedanke an einen Abbruch lässt darauf schließen, in welcher Gefahr sich Herr Diallo befand und dass sie alle Möglichkeiten in Betracht gezogen haben, um sich dessen drohender Abschiebung zu verwehren (Z. 387-390). Dabei hebt sie die Bedeutung der Feststellung „dann ist er weg" durch zwei Pausen besonders hervor (Z. 390). Indem sie in ihrer Darstellung so ausführlich auf ihre Emotionen eingeht, zieht sie mich als Interviewerin in die Prozesse ihrer inneren Erlebniswahrnehmung mit ein und markiert die Passabgabe bei der Ausländerbehörde als dramatischen Höhepunkt der gesamten Heirat. Im Anschluss daran schildert sie, dass sie verschiedene Sozialstationen aufgesucht haben, um sich diesbezüglich nach einer Alternative zu erkundigen (Z. 390-394). Dieses Verhalten spiegelt einerseits ihre Verzweiflung wider und widerlegt andererseits den Eindruck, dass sie sich dem Problem verschlossen haben. Ihre damalige Erwartung bringt sie durch die betonten Wörter „NICHT" (Z. 392) und „VORZEIGEN" (Z. 393) zum Ausdruck. Mit der Konjunktion „aber" stellt sie jedoch klar, dass sich ihre Hoffnung nicht erfüllt hat und sie den Pass bei der Ausländerbehörde abgeben mussten, was sie schließlich auch getan haben (Z. 394-397). Die ständige Bereitschaft ihre Anwältin anzurufen, lässt auf ihre Machtlosigkeit schließen, da sie im Ernstfall auf deren Unterstützung angewiesen waren und selbst keinen Einfluss auf die Situation nehmen konnten (Z. 397-400). Außerdem ist sie ein Indiz für die psychische Belastung, der beide in diesem Moment ausgesetzt waren und auf die Frau Diallo mit der Floskel „mit SCHlotternden KNIEN" im letzten Satz explizit hinweist (Z. 401).

Danach geht Frau Diallo genauer auf die Passabgabe ein und erzählt, dass der zuständige Sachbearbeiter für Asylangelegenheiten zu diesem Zeitpunkt nicht anwesend war. Dies bewertet sie anschließend als ihr großes Glück. Stattdessen haben sie mit einer Mitarbeiterin aus einem anderen Aufgabenbereich gesprochen, die den Ausweis allerdings behalten wollte, um ihn dem Verantwortlichen zu zeigen. Unter dem Vorwand, ihn dringend zu benötigen, haben sie ihn schließlich doch mitnehmen dürfen und mit Einverständnis der Standesbeamtin auch nicht noch einmal bei der Ausländerbehörde abgeben müssen. Frau Diallo erklärt, dass sie sich letztendlich in K-Stadt das Jawort gegeben haben und die Standesbeamtin daher eine andere war.

4.3.2.3 Die Standesbeamtin - 2

```
430  F:  also schlussendlich haben wir man kann sagen ZWEI ja:hre
431      gebraucht um zu hei' <<all> um überhaupt alle PAPIERE>
432      zusammenzubekommen und den termin (--) den standesamtlichen
433      termin zu bekommen (2.0) ähm:: <<f> JA> die frau vom aus
434      t-stadt die frau vom standesamt hat uns so viele steine in den
435      weg gelegt (-) das hat sie dann auch selbst zugegeben (-) sie
436      hat mich dann mal alleine in ihr zimmer zitiert und hat gemeint
437      (-) ja sie können doch nicht einen ausländer heiraten sie
438      wissen doch dass ausländer ihre frauen SCHlAGEN (-) u:nd ich
439      solle sie dann doch bitte nicht verantwort' äh bitte nicht
440      verantwortlich machen dafür wenn ihre wenn MEINE ehe schEItert
441      oder unsere ehe scheitert ähm dafür will sie nicht
442      verantwortlich sein und außerdem muss sie den deutschen staat
443      schützen vor solchen betrügern wie eben zum beispiel m. <<f>
444      [wie also ausländern allgemein]> denke ich hat sie gemeint (--)
445  M:  [wie a' ausländer]
446  F:  das war natürlich erst mal ein SCHOCK und das haben wir
447      <<lachend> erst mal verarbeiten müssen> und haben aber daran
448      gemerkt auch wirklich (-) okay die frau die will uns ganz
449      einfach nicht heiraten lassen weil sie keine AUSLÄNDER mag und
450      haben uns dann entschlossen doch nach k-stadt zu gehen zum
451      standesamt
```

Frau Diallo betont, dass es zwei Jahre gedauert habe, die notwendigen Papiere zu besorgen sowie einen Termin für die Hochzeit zu bekommen (Z. 430-433). Anschließend kommt sie auf die Standesbeamtin zurück und berichtet, dass diese selbst zugegeben habe, ihnen Steine in den Weg gelegt zu haben (Z. 433-435). Danach gibt sie in direkter Rede wieder, wie sie ihr gesagt habe, dass sie keinen Ausländer heiraten könne, da diese ihre Frauen schlagen (Z. 435-438). In indirekter Rede fügt sie hinzu, wie sie außerdem meinte, dass sie nicht für das Scheitern der Ehe verantwortlich gemacht werden will und Deutschland vor Betrügern wie Herrn Diallo schützen müsse (Z. 438-443). Gleich darauf äußert Frau Diallo die Vermutung, dass sie damit nicht nur ihren Mann, sondern alle Ausländer gemeint habe (Z. 444). Sie gibt an, dass die Reaktion der Standesbeamtin ein Schock war und sie diesen erst einmal verarbeiten mussten (Z. 446-447). An deren Äußerungen habe das Ehepaar jedoch gemerkt, dass sie eine Abneigung gegen Ausländer hat und die Hochzeit deshalb absichtlich behindert (Z. 447-449). Daraufhin haben sie den Entschluss gefasst das Standesamt zu wechseln und in K-Stadt zu heiraten (Z. 450-451).

Mit dem ersten Satz fasst Frau Diallo den Prozess bis zu ihrer Heirat dahingehend zusammen, dass dieser insgesamt zwei Jahre in Anspruch genommen habe. Diese lange Dauer verdeutlicht sie durch die Betonung von „ZWEI" (Z. 430) und dem gedehnt ausgesprochenen „ja:hre" (Z. 430). Weiterhin fällt auf, dass sie sich dabei einmal selbst unterbricht, was erkennen lässt, dass sie diese Tatsache aufregt (Z. 431). Durch ihre schnelle Sprechweise und das betonte Wort „PAPIERE" (Z. 431) wird dieser Eindruck zusätzlich verstärkt. Die kurze Pause und das langgezogene „ähm::" (Z. 433) im Anschluss signalisieren, dass ihr die Weiterführung der Narration Probleme bereitet und geben ihr diesbezüglich Zeit zum Nachdenken. Schließlich kommt sie erneut auf die Standesbeamtin zu sprechen, von der sie früher im Interview bereits berichtet hat und liefert einen weiteren Beleg für deren diskriminierendes Verhalten. Das laut hervorgestoßene „JA" (Z. 433) am Satzanfang zeigt, dass es sich dabei um einen plötzlichen Einfall handelt. Mit der Redensart „jemanden Steine in den Weg legen" (Z. 434-435) macht sie implizit deutlich, dass diese dem Ehepaar bewusst Schwierigkeiten bereitet hat und verleiht ihrer Aussage mit der Angabe „so viele" (Z. 434) besonderen Nachdruck. Damit greift sie die Kernaussage der Sequenz „Die Standesbeamtin - 1" erneut auf und ergänzt schließlich, dass sie selbst zugegeben hat, stets entgegen der Interessen des Ehepaares gehandelt zu haben (Z. 435). Auf diese Weise versichert sie mir als Interviewerin, dass ihre Angaben der Wahrheit entsprechen und leitet zusammen mit dem nächsten Satz die folgende Redewiedergabe der Standesbeamtin ein. Diese spricht als Rassistin, deren Ziel darin besteht Frau Diallo von der Eheschließung abzuhalten, wobei sie Ausländer unmissverständlich abwertet, indem sie ihnen Gewaltbereitschaft gegenüber Frauen zuschreibt (Z. 437-438). Frau Diallo lässt sie in ihrer Darstellung das Verb „SCHLAGEN" (Z. 438) betonen und zeigt damit, mit welcher Überzeugung sie ihre Argumente vorgetragen hat. Danach verwendet Frau Diallo den Konjunktiv und setzt die Re-Inszenierung in indirekter Rede fort. Das lässt darauf schließen, dass sie die genauen Worte nicht mehr im Gedächtnis hat und diese lediglich sinngemäß wiedergeben kann. Die Standesbeamtin habe gesagt, dass sie nicht für das Scheitern der Ehe verantwortlich gemacht wer-

den will (Z. 438-442). Demnach war sie von einem negativen Ausgang überzeugt und hat eine erfolgreiche Ehe auf keinen Fall in Betracht gezogen. Dabei stockt Frau Diallo und verwechselt die Pronomen „ihre" (Z. 440) und „MEINE" (Z. 440), was einerseits auf den abrupten Wechsel von direkter zu indirekter Rede zurückzuführen ist, andererseits aber auch ihre Empörung widerspiegelt. Weiterhin habe die Standesbeamtin gemeint, dass sie Deutschland vor Betrügern, zu denen ihrer Meinung nach auch Herr Diallo zählt, schützen müsse (Z. 442-443). Der herangezogene Vergleich lässt vermuten, dass sie den Verdacht einer Scheinehe gehegt hat, die Herr Diallo lediglich eingehen wollte, um eine Aufenthaltsgenehmigung in Deutschland zu erwirken. Das bringt ebenfalls ihre Voreingenommenheit gegenüber Ausländern zum Ausdruck und verstärkt ihre Darstellung als Rassistin. Danach spricht Frau Diallo wieder aus ihrer eigenen Sicht, wobei sie die Aussage durch die Subjektivierung „denke ich" (Z. 444) nur auf ihre eigene Person beschränkt und auf Verallgemeinerung verzichtet. An dieser Stelle versucht Herr Diallo sie zu unterbrechen und das Rederecht zu übernehmen. Sie lässt den geforderten Sprecherwechsel jedoch nicht zu, was sie ihm durch das Anheben ihrer Stimme zu verstehen gibt. Dabei stimmen seine Worte „wie ausländer" (Z. 445) mit denen seiner Frau überein, was darauf schließen lässt, dass er den gleichen Gedanke hat. Aus der geschichtlichen Perspektive des erzählten Ichs bewertet Frau Diallo die Reaktion der Standesbeamtin anschließend als Schock, den sie und ihr Mann erst einmal verarbeiten mussten (Z. 446-447). Damit markiert sie die Redewiedergabe als dramatischen Höhepunkt der Sequenz und verleiht ihrer Aussage durch die Betonung von „SCHOCK" (Z. 446) Nachdruck. Lachend zeigt sie, wie lächerlich sie das Verhalten findet und wertet es dadurch zusätzlich ab. Als nächstes fasst sie noch einmal zusammen, dass die Standesbeamtin ihre Heirat gezielt verhindern wollte und diese Absicht einzig und allein auf der Tatsache beruhte, dass Herr Diallo kein deutscher Staatsbürger ist (Z. 448-449). Diese Aussage untermauert sie durch die Betonung von „AUSLÄNDER" (Z. 449), was gleichzeitig verdeutlicht, dass sie nichts an der Situation hätten ändern können. Damit begründet sie schließlich ihren Entschluss das Standesamt zu wechseln und beendet die Sequenz.
Als Gegensatz zu der vorangegangenen Erzählung betont sie anschließend, wie freundlich die Standesbeamtin aus K-Stadt war und dass sie ihnen oft geholfen habe. Sie habe ihnen gesagt, dass sie den Ausweis nicht noch einmal bei der Ausländerbe-

hörde abgeben sollen und sie dem zuständigen Sachbearbeiter Bescheid gebe, dass
dieser im Original bei ihr vorgelegen habe und alles in Ordnung damit sei.

4.3.2.4 Ungang mit erlebten Diskriminierungen

```
457   F:  es gab noch TAUSEND andere dinge die da zwischendurch passiert
458       sind (.) wir sind haben unterrschriften gesAMMELT dafür dass
459       die frau uns keine stEINE mehr in den weg legt (-) wir sind zu
460       partEIEN gerannt um einfach öffentlichkeit auch herzustellen
461       dass die beHÖRDEN so ein stück EINgeschüchtert werden weil wir
462       waren  schon  eingeschüchtert  und  sie  haben  uns  immer  noch
463       versucht MEHR zu drücken und zu drücken und irgendwann konnten
464       wir   uns   das   ganz   einfach   nicht   mehr   gefallen   lassen
465       und  sind  an  die  öffentlichkeit  gegangen  (-)  haben  eben
466       unterschriftensammlungen gemacht von freunden bekannten aber
467       auch  von  ganz  FREMDEN  leuten  (---)  haben:  (3.0)  ein
468       fernsehauftritt war dabei wo meine MUTTER      noch mit dabei
469   M:                                               [hm:]
470   F:  war und sich FÜR uns eingesetzt hat (-) ja
```

Frau Diallo leitet diese Sequenz mit der Aussage ein, dass zwischendurch noch viele
andere Dinge passiert seien (Z. 457-458). Sie erzählt, dass sie Unterschriftensammlungen durchgeführt haben, um zu verhindern, dass ihnen die Standesbeamtin in T-
Stadt weitere Steine in den Weg legt (Z. 458-459). Außerdem haben sie Parteien aufgesucht, um Aufmerksamkeit zu erregen und die Behörden zu verunsichern (Z. 460-
461). Dieses Vorgehen begründet sie damit, dass sie von den Behörden bereits eingeschüchtert waren und sich dies nicht mehr gefallen lassen konnten (Z. 461-465). Daraufhin kommt sie erneut auf die gesammelten Unterschriften zu sprechen und ergänzt, dass diese von Freunden, Bekannten und auch Fremden eingeholt wurden
(Z. 465-467). Sie überlegt kurz, bevor sie anschließend einen Fernsehauftritt erwähnt,
bei dem ihre Mutter beteiligt war und sich für sie eingesetzt habe (Z. 467-470).
Die erste Aussage vermittelt zunächst den Eindruck, dass Frau Diallo auf weitere
Schwierigkeiten mit den deutschen Behörden anspielt und diese in ihrer kommenden
Erzählung darlegt (Z. 457-458). Entgegen dieser Erwartung geht sie stattdessen auf
Maßnahmen ein, die das Ehepaar ergriffen hat, um den Diskriminierungen der Be-
hörden entgegenzuwirken. Die Hyperbel „TAUSEND" (Z. 457) setzt sie dabei zur
Emphase ein. Dadurch verdeutlicht sie das Ausmaß der Strapazen, denen sie und
Herr Diallo während des zweijährigen Heiratsprozesses ausgesetzt waren und zeigt,

mit welcher Kraft sie sich gemeinsam dagegen gewehrt haben. Dieser Aussage verleiht sie durch die Betonung der Hyperbel besonderen Nachdruck. Anschließend geht sie zu zwei Beispielen über, wobei sie die zentralen Begriffe „gesAMMELT" (Z. 458) und „partEIEN" (Z. 460) betont. Welche konkreten Absichten sie mit den Unterschriftensammlungen und der Kontaktaufnahme zu Parteien verfolgt haben, hebt Frau Diallo mit der Betonung von „stEINE" (Z. 459), „beHÖRDEN" (Z. 461) sowie „EINgeschüchtert" (Z. 461) hervor. Gleichzeit bringt sie damit zum Ausdruck, dass sie ihre Vorhaben mit Entschlossenheit durchgeführt und sich tatkräftig für ihre Heirat eingesetzt haben. Danach leitet sie mit „weil" (Z. 461) in eine Argumentation über. Vor mir als Interviewerin rechtfertigt sie ihre Handlungen mit der Einschüchterung und Unterdrückung seitens der Behörden und begründet so deren Richtigkeit (Z. 462-463). Mit dem betonten Adverb „MEHR" (Z. 463) und der Wiederholung „zu drücken und zu drücken" (Z. 463) untermauert sie das Gesagte und deutet darauf hin, dass sie sich in einer ausweglosen Situation befanden. Die folgende Äußerung ist durch einen ruhigen Sprechstil gekennzeichnet. Durch die Wendung „ganz einfach" (Z. 464) wertet sie ihr Verhalten als logische Folge und erweckt den Eindruck, dass der Gang an die Öffentlichkeit in ihren Augen den einzigen Ausweg darstellte. Damit positioniert sie sich selbst als eine Frau, die sich gegen eine unrechtmäßige Behandlung zu wehren weiß und resolut für ihr Ziel zu heiraten kämpft. Die Verwendung des Pronomens „wir" impliziert ebenfalls eine Fremdpositionierung von Herrn Diallo als Mann, der niemals den Mut verliert und alle Möglichkeiten nutzt, um seine Situation zu verbessern. Mit dem nächsten Satz kommt sie wieder auf die Unterschriftensammlungen zurück und ergänzt, dass sie diesbezüglich von Freunden, Bekannten sowie Fremden unterstützt wurden. Letztere Personengruppe hebt sie dabei durch die Wendung „aber auch" (Z. 466-467) und dem betonten „FREMDEN" (Z. 467) eindeutig von den anderen genannten ab. Dieser Aspekt lässt sie überrascht erscheinen, so dass es wirkt, als ob sie mit positiven Reaktionen der Bevölkerung nicht gerechnet hat. Das langgezogene „haben:" (Z. 467) und die kurze Pause im Anschluss geben Frau Diallo Zeit zum Nachdenken und rufen die Erinnerung an einen Fernsehauftritt ihrer Mutter wach. Auf diese Weise vermittelt Sie ein positives Bild ihrer Mutter, die sich für ihre Tochter einsetzt und dieser in schwierigen Zeiten Hilfe und Beistand gewährt. Dieses Bild wird durch die Betonung von „MUTTER" (Z. 468) und „FÜR" (Z. 470) zusätzlich verstärkt. Zudem verleiht Herr Diallo der Aussage seiner Frau mit

dem gedehnt ausgesprochenen Rezeptionssignal „hm:" (Z. 469) Nachdruck und versichert, dass diese der Wahrheit entspricht.
Im weiteren Verlauf geht Frau Diallo genauer auf das Thema Parteien ein und beschreibt ihre Erfahrungen, die sie in diesem Zusammenhang gemacht haben. Sie unterscheidet zwischen den Grünen, die sich sehr für sie eingesetzt haben und der Lin-
ken, von der sie enttäuscht war. Die Enttäuschung erklärt sie mit der fehlenden Reaktion seitens der Partei, da sie sich trotz ständigem Nachfragen per Telefon oder Fax
nicht zurückgemeldet haben. Dann wiederholt sie, dass ihnen die Grünen sehr geholfen haben und die Mitglieder letzten Endes überrascht waren, dass sie es tatsächlich
geschafft haben, in Ostdeutschland zu heiraten.

4.3.2.5 Zusammenfassung

In der ersten Passage bringt das Ehepaar zum Ausdruck, dass der Umgang mit büro-
kratischen Instanzen ein zentrales Problemfeld darstellte und sich als gravierende
Barriere erwiesen hat. In den analysierten Sequenzen übernimmt hauptsächlich Frau
Diallo die Sprecherrolle. Dabei wahrt sie eine sichere Distanz zu dem Erzählten und
berichtet überwiegend aus der Außensicht über ihre Erlebnisse. Eine deutliche Aus-
nahme bildet die Sequenz „Die Ausländerbehörde", in der sie auf ihre damalige Innensicht eingeht und emotionale Erfahrungen beschreibt. Insgesamt berichtet sie sehr
ausführlich über die Thematik. Durch viele Erklärungen liefert Frau Diallo einen
Einblick in die deutsche Gesetzgebung und macht damit verbundene Probleme deutlich. Besondere Schwierigkeiten bereiteten dem Ehepaar die unkooperativen Handlungen der Standesbeamtin, auf die Frau Diallo mehrmals eingeht. Sie verfolgte die
Absicht, die geplante Hochzeit zu verhindern und sabotierte Herr und Frau Diallo
deswegen auf verschiedenste Weise. Der Verdacht einer Scheinehe rechtfertigte für
sie alle Schikanen, wie z.b. die Beschaffung der zur Eheschließung notwendigen Dokumente zu erschweren. Diese Voreingenommenheit gegenüber Ausländern führte zu
einer zeitlichen Verzögerung des Hochzeitstermins, den sie erst nach zwei Jahren erhalten haben. Weiterhin verursachten die ausländerrechtlichen Bestimmungen einen
enormen psychischen Druck bei dem Ehepaar. Wegen der Angst vor der drohenden
Abschiebung haben sich beide von der Außenwelt abgeschottet und sogar einen Abbruch der geplanten Hochzeit in Erwägung gezogen. Diese Verzweiflung und Verun-
sicherung wurde durch die Undurchsichtigkeit des Paragraphendschungels zusätzlich

verstärkt. In der letzten Sequenz dagegen vermittelt Frau Diallo ein selbstsicheres Bild von sich selbst und ihrem Mann. Sie beschreibt, wie sie gemeinsam versucht haben, sich gegen die Diskriminierungen seitens der Behörden zu wehren. Beide Ehepartner haben auch in schwierigen Zeiten zusammengehalten und sich von ihrem Vorhaben zu heiraten nicht abbringen lassen.

4.3.2.6 Vergleich

Auch nach Angaben des Ehepaares Enver stellte der Umgang mit den deutschen Behörden ein besonderes Problemfeld dar. Frau Enver erzählt zuerst, dass ihr Ehemann abgeschoben wurde, was ihrer Meinung nach rechtswidrig war, da die notwendigen Dokumente für ihre Heirat dem Standesamt bereits vollständig vorlagen. Weitere negative Erfahrungen habe sie mit der zuständigen Ausländerbehörde gesammelt. Dort seien ihre Hochzeitspläne auf Ablehnung gestoßen und genau wie Frau Diallo wurde sie mit dem Verdacht konfrontiert, dass ihr Ehemann sie lediglich für eine Aufenthaltsgenehmigung heiraten wolle.

> F: „auch die ausländerbehörde selber bevor ich den r. (ehemann) geheiratet hab die hat mir alle möglichen arztberichte vorgelegt von ihm und der hatte offene lungen-tbc und zwar aus dem ganz einfachen grund die haben alle gesagt ach kommt nur alle her kommt nur alle her die waren in n-stadt untergebracht da war kein fenster keine tür kein nichts drin (2.8) das toiletten der toiletteninhalt muss ich mal jetzt so sagen entschuldigung wir trinken kaffee äh schwamm im flur so rum da waren halt tuberkulosefälle [...] und dann haben sie mir das vorgelegt auf der ausländerbehörde hier der ist lungen-tbc-krank (-) ich sagte na ja und hier steht das ist behandelt worden das ist verkapselt (-) das kann aber wiederkommen und ich sagte na mein gott das kann ich auch kriegen sie können das auch kriegen das ist für mich kein grund den nicht zu heiraten (-) ach der heiratet sie nur für papiere (-) ich sagte das werden wir doch dann feststellen wenn er da ist (-) sie warten auf alle fälle drei jahre hier bis er wiederkommt ich sagte ich warte auch fünf jahre (-) mit lauter solchen gegenargumenten mich zu überzeugen dass ich den weg nicht geh weißt du das war das war krass" (Ehepaar Enver, Zeile 222-257)

Die Beispiele von den Ehepaaren Diallo und Enver verdeutlichen, mit welchen Problemen bikulturelle Partnerschaften gerade vor ihrer Hochzeit konfrontiert werden können. Das Interview mit Frau Benchemsi dagegen ergab, dass sie und ihr Mann keine Schwierigkeiten mit den deutschen Behörden hatten und ihre Hochzeit bereits nach zwei Monaten genehmigt wurde.

> F: „wir sind dann im märz aufs standesamt gegangen (-) haben halt hier also er hat schon bei seinem vater die ganzen papiere aus marokko besorgen lassen (-) weiß nicht was das alles war (-) halt geburtsurkunde und noch irgendetwas mehreres zeug denn das muss ja dann übersetzt werden und beglaubigt werden und das ist ja alles aber ich sag mal das muss

ich sagen ging bei uns alles ganz gut glatt also er hatte sein vater ist sehr gewissenhaft hat mal in deutschland gearbeitet der hat gewisse deutsche art' eigenschaften ne das merkt man auch ((lacht)) also der ist sehr gewissenhaft hat alles ordentlich besorgt war alles in ordnung und kein problem ist auch mit der post halt angekommen und wir haben meine papiere noch zusammengesammelt hier abstammungsurkunde geburtsurkunde und so weiter dann sind wir halt zum standesamt gefahren und haben halt diesen diese ganzen papiere eingereicht und das muss ja dann erst mal geprüft werden und geht vor das sächsische landesgericht und frag mich nicht ((lacht)) [I: hm] und das haben wir dann halt im märz abgegeben [...] das hat dann glaube ich zwei monate ungefähr gedauert oder anderthalb monate wo ich sage das ist okay dann kam halt die nachricht vom standesamt dass es genehmigt ist und dass wir einen termin ausmachen können" (Ehepaar Benchemsi, Zeile 220-247)

Herr und Frau Diallo haben ihren standesamtlichen Termin erst nach zwei Jahren erhalten. Der Unterschied zwischen diesen beiden Fällen besteht darin, dass Herr Benchemsi durch sein Studium in Deutschland bereits vor der Eheschließung im Besitz einer Aufenthaltsgenehmigung war und ihm daher kein Missbrauch unterstellt werden konnte. Vermutlich haben sie deswegen keine Diskriminierungen seitens der Behörden erfahren. Demnach richtet sich der Widerstand nicht gegen alle Ausländer gleichermaßen, sondern hier entsteht der Eindruck, dass eine gewisse Wertehierarchie vorliegt. Scheibler differenziert bezüglich der Motivation, sich in Deutschland aufzuhalten, zwischen guten und schlechten Ausländern. Erstere sind diejenigen, die als Künstler und Sportler auftreten oder sich wie Herr Benchemsi als Gäste im Inland aufhalten. Als schlechte Ausländer dagegen werden Asylsuchende wie Herr Diallo oder Herr Enver bezeichnet (1992, S. 117).

4.3.3   Zweites Problemfeld: Die Reaktionen der Herkunftsfamilien

4.3.3.1 Die Familie der Frau

```
486  F:  ja (---) herje ((lacht)) wie meine äh äh weil wir gerade mal
487      bei meiner mutter waren (-) wie meine ELtern darauf reagiert
488      haben, (-) kann ich sagen ich war SEHR überrASCHT (-) ich hätte
489      gedacht sie reagieren irgendwie mit ACH du lieber himmel ein
490      schwARZER, ((lacht)) ABER (.) das ist überhaupt nicht passiert
491      (-) sondern m. war da und das war so und das war in ordnung so
492      (-) ja sie haben ihn eigentlich gleich gemOCHT und ins herz
493      geschlossen (.) auch mein VATER der früher ganz anders drauf
494      war (--) der hat immer gesagt bitte bitte bring NIE einen
495      schwarzen mit an we:il dann wird dein kind gehÄnselt und ge' äh
496      geDEmütigt weil es ja dann auch irgendwie einen schwarzen TOUCH
497      hat (-) <<all> ja und du weißt ja wie das hier in
498      ostdeutschland ist, oder überhaupt in deutschland ist,> dort
```

```
499        wird man nur gehÄnselt wenn man eine andere hautfarbe hat und
500        (-) ja (-) <<f> aber so hat er dann am ende NICHT reagiert> als
501        es (-) als ich da ((lacht)) den m. dann doch vorgestellt hab=
502   M:   =also wir haben ihn (-) ich hab ihn das erste mal in ganz
503        andere situation kennen gelernt erst mal äh: ich denke mal
504        ungefähr drei mOnate hat er nicht gewusst dass wir zusammen
505        sind
506   F:   ja das kann sein genau
507   M:   <<p> ja>
508        (3.0)
509   F:   genAU das stImmt mein vater war (-) der hat immer gesagt (-)
510        der hat EUCH alle als kinder und jugendliche vom KINDERheim
511        kennen gelernt     und hat dann immer gesagt
512   M:                     [hm]
513   F:   <<mit hoher Stimme> ja na die kannst du doch ruhig mal mit alle
514        HERbringen und da können wir mal eine runde trike fahren>
515        <<lachend> und> ja (-) mal einen ausflug machen (-) wo ich
516        immer schon gedacht hab oh was vati du bist das? bist du es
517        wirklich? ähm: ja aber es war dann tatsächlich so dass er den
518        m. ganz gemocht hat und das tut er HEUTE noch <<lachend> das
519        tut er heute noch>
520   M:   ja das weiß ich (-) das ist mein bester freund immer noch
```

Aufgrund der Erwähnung ihrer Mutter in der vorangegangenen Sequenz, thematisiert Frau Diallo nun ihre Eltern und wie diese auf ihre Beziehung mit einem Afrikaner reagiert haben (Z. 486-488). Zu Beginn erzählt sie, dass sie sehr überrascht gewesen sei und eine andere Reaktion erwartet habe, die sie mit dem Ausruf „ACH du lieber himmel ein schwARZER" imitiert (Z. 488-490). Nachdem sie betont, dass diese Reaktion nicht eingetreten sei und ihr Mann von den Eltern sofort gemocht wurde, kommt sie auf ihren Vater zu sprechen (Z. 490-493). Dieser habe in der Vergangenheit eine andere Meinung vertreten, welche sie anschließend in direkter Rede wiedergibt. Er habe immer gesagt, sie solle keinen schwarzen Freund haben, mit der Begründung, dass ein gemeinsames Kind in Deutschland aufgrund der Hautfarbe gehänselt und gedemütigt werden würde (Z. 493-499). Sie wiederholt, dass er letzten Endes nicht in dieser Art und Weise reagiert habe (Z. 500-501). Dann ergänzt Herr Diallo die Aussage seiner Frau dahingehend, dass er seinen Schwiegervater das erste Mal in einer ganz anderen Situation getroffen habe (Z. 502-503). Dieser habe für ungefähr drei Monate nichts von der Beziehung gewusst, was Frau Diallo sofort bestätigt (Z. 503-507). Sie überlegt eine Weile, bevor sie schließlich erzählt, unter welchen Umständen die erste Begegnung stattfand (Z. 508). Ihr Vater habe ihren Mann als Kind von dem Kinder- und Jugendheim kennen gelernt, in dem sie ihr Praktikum absolvierte (Z. 509-511). Danach gibt sie mit verstellter Stimme wieder, wie er ihr stets sagte, sie könne die Heimbewohner mit zu sich nach Hause bringen, um Trike zu fahren oder einen Ausflug zu machen (Z. 511-515). Gleich darauf schildert sie, wie sie sich selbst fragte, ob dies wirklich ihr Vater sei und wiederholt erneut, dass er ihren Mann gleich gemocht habe und dies bis heute der Fall sei (Z. 515-519). Herr Diallo schließt diese Sequenz ab, indem er seinen Schwiegervater als seinen besten Freund bezeichnet (Z. 520).

Die längere Pause und der Ausdruck „herje" (Z. 486) am Anfang signalisieren, dass Frau Diallo Schwierigkeiten hat ihre Narration fortzuführen. Das anschließende Lachen gibt ihr Zeit zum Nachdenken und verhindert gleichzeitig ein längeres Schweigen. Aufgrund der Erwähnung ihrer Mutter in der vorangegangenen Sequenz kommt Frau Diallo schließlich auf ihre Eltern zu sprechen, wobei sie zunächst nach der passenden Überleitung auf dieses Thema sucht (Z. 486). Zusammen mit der Wiederholung des Verzögerungssignals „äh äh" (Z. 486) deutet dies darauf hin, dass ihr der Gedanke gerade erst gekommen ist. Unbewusst nimmt sie damit erneut Bezug auf meine Einstiegsfrage, in der ich mich bereits nach deren Reaktion auf die Beziehung erkundigt habe. Mit der Aussage, dass sie sehr überrascht gewesen sei (Z. 488), bewertet Frau Diallo die Thematik zunächst aus der geschichtlichen Perspektive des erzählten Ichs. Das betonte Adverb „SEHR" hebt das Ausmaß ihrer Überraschung hervor und erweckt den Anschein, dass sie etwas anderes von ihren Eltern erwartet hat, was durch die darauffolgende Äußerung bestätigt wird. Sie habe gedacht sie reagieren mit „ACH du lieber himmel ein schwARZER" (Z. 489-490), wobei sie diesem Ausruf mit der Betonung der Wörter „ACH" und „schwARZER" besonderen Nachdruck verleiht. Auf diese Weise vermittelt sie ein negatives Bild von ihren Eltern. Ihr Lachen im Anschluss verleiht dem Gesagten jedoch einen humorvollen Unterton und schwächt diesen Eindruck sofort wieder ab. Mit der deutlich betonten Konjunktion „ABER" (Z. 490) sowie der Wendung „überhaupt nicht" (Z. 490) unterstreicht Frau Diallo im nächsten Satz, dass sie völlig entgegen ihren Erwartungen reagiert haben und die Beziehung für sie in Ordnung gewesen sei (Z. 491). Diese Aussage wird durch die Betonung des Verbs „gemOCHT" (Z. 492) und das Verwenden der redensartlichen Metapher „ins herz geschlossen" (Z. 492-493) zusätzlich verstärkt. Frau Diallo widerlegt damit das negative Bild ihrer Eltern und positioniert sie nun als aufgeschlossene und herzliche Menschen. Danach kommt sie auf ihren Vater zu sprechen und sagt, dass dieser „früher ganz anders drauf war" (Z. 493-494). Durch den Gebrauch von „auch" und der Betonung des Wortes „VATER" grenzt sie diesen eindeutig von ihrer Mutter ab und erweckt somit den Eindruck, dass sein Verhalten besonders überraschend war. Die folgende Wiedergabe in direkter Rede untermauert dessen früheren Standpunkt, dass seine Tochter keinen Schwarzen Freund haben soll. Indem sie die Einleitung „der hat immer gesagt" (Z. 494) wählt und das Adverb „NIE" (Z. 494) betont, intensiviert sie seine Äußerungen und illustriert damit den deutlichen Kontrast zu seiner eigentlichen Reaktion. Sie fügt hinzu, dass er seine Auffassung dahingehend begründet habe, dass ein gemeinsames Kind aufgrund der Hautfarbe in Deutschland gehänselt und gedemütigt werden würde (Z. 495-499). Lauter und eindringlicher wiederholt sie als nächstes, dass ihr Vater bei der Vorstellung ihres Mannes nicht in dieser Weise reagiert habe, wobei sie „NICHT" eindeutig betont (Z. 500). Frau Diallo verdeutlicht somit, wie wichtig ihr die positive Darstellung ihrer Eltern ist. Ihr Lachen während dieser Aussage könnte auf das Gefühl der Erleichterung zurückzuführen sein, dass seine Vorbehalte plötzlich verschwunden waren. Daraufhin übernimmt Herr Diallo das Rederecht und knüpft direkt an das Gesagte seiner Frau an. Der fließende Übergang des Sprecherwechsels deutet darauf hin, dass er schon länger auf eine passende Gelegenheit gewartet hat, um sich zu äußern. Er erzählt, dass er seinen Schwiegervater das erste Mal in einer anderen Situation kennen gelernt habe und merkt an, dass dieser für ungefähr drei Monate nichts von der Beziehung wusste (Z. 502-505). Dabei unterstreicht er seine Aussage durch die Betonung des Wortes „mOnate" (Z. 504). Frau Diallo scheint sich diesbezüglich unsicher zu sein und stimmt ihrem Mann mit der Floskel „ja das kann sein genau" zu (Z. 506), woraufhin er mit einem leisen „ja" reagiert (Z. 507). Im Anschluss daran folgt eine für den sonstigen Gesprächsfluss ungewöhnlich lange Pause von drei Sekunden, die Frau Diallo nutzt, um sich an die erste Begegnung zwischen ihrem Vater und ihrem Mann zu erinnern. Danach geht sie noch einmal auf das Gesagte ihres Mannes ein und stimmt dem nun mit Überzeugung zu (Z. 509). Es fällt auf, dass sie nach der richtigen Formulierung suchen muss und sich dabei zweimal selbst unterbricht, bevor sie schildert, unter welchen Umständen das erste Kennenlernen stattfand (Z. 509). Das lässt darauf schließen, dass dieser Teil der Erzählung nicht so präsent ist und sie erst überlegen muss, wie sie diesen Sachverhalt am besten erklärt. Sie erzählt, dass ihr Vater seinen Schwiegersohn zum damaligen Zeitpunkt nicht als ihren

Freund kennen gelernt habe, sondern als Bewohner des Kinder- und Jugendheimes, in dem sie als Praktikantin tätig war (Z. 510-511). Die Zugehörigkeit ihres Mannes drückt sie dabei durch die Betonung des Pronomens „EUCH" (Z. 510) und des Wortes „KINDERheim" (Z. 510) aus. Durch diese Information erscheint die positive Reaktion des Vaters in einem ganz anderen Licht. Frau Diallo gab bereits in direkter Rede wieder, wie dieser sie darum gebeten habe keine feste Bindung zu einem schwarzen Mann einzugehen. Demzufolge besteht die Möglichkeit, dass er sich anders verhalten hätte, wenn ihm die bereits bestehende Beziehung bewusst gewesen wäre. Um die Herzlichkeit ihres Vaters gegenüber den Heimkindern und somit auch gegenüber Herrn Diallo darzustellen, gibt sie diesen ein zweites Mal in direkter Rede wieder und weist ihm dabei eine freundliche Stimme zu (Z. 511-515). Ihr Gelächter während der Redewiedergabe lässt noch einmal darauf schließen, dass sie solch eine positive Reaktion niemals erwartet hat und sie das Verhalten bis heute erstaunt. Ihre damalige Innensicht des Erlebens der Verwunderung re-inszeniert sie anschließend durch die Schilderung, wie sie sich fragte, ob dies wirklich ihr Vater sei (Z. 515-517). Mit der Verwendung des Adverbs „tatsächlich" (Z. 517) stellt sie daraufhin erneut klar, dass ihr Mann sofort gemocht wurde und dies gegenwärtig noch der Fall sei. Sie hebt ihre Aussage hervor, indem sie „HEUTE" (Z. 518) deutlich betont und diese Phrase lachend wiederholt (Z. 518-518). Letzteres ist auf die Freude zurückzuführen, dass sich beide so gut verstehen. Am Schluss der Sequenz ergreift Herr Diallo erneut das Wort und bewertet seinen Schwiegervater abschließend als seinen besten Freund (Z. 520). Die Platzierung von „immer noch" (Z. 520) am Satzende lässt dabei eine enge Freundschaft zwischen beiden erkennen, die bereits seit längerer Zeit besteht.

Im weiteren Verlauf des Interviews erzählt Frau Diallo erleichtert, dass sie und ihr Mann sich im Januar 2006 das Jawort gegeben haben und damit eine große Last von ihnen gefallen war. Nachdem sie die Thematik ihrer Hochzeit endgültig abgeschlossen hat, leitet sie zu der Arbeitssuche ihres Mannes über und fordert ihn auf von seinen Erlebnissen zu berichten.

> M: „ich hab ich hab viel dinge erlebt gibt's auch sachen wo man zwei drei wochen arbeitet arbeiten geht kostenlos oder geben die dir drei vier aufgaben auf einmal nach viertel stunde wenn du keine wenn du das nicht geschafft hast sollst du mal aufhören und machen was anderes oder das chef da guckt dich zu (-) gibt's viel verschiedene aber mit der mit der zeit man erlebt viel (-) ja auf jeden fall wie es ist jetzt man hat ich hab jetzt gedanken um was anderes außer wegen aufenthalt oder abschiebung ich habe meine familie und mein arbeit"
> (Transkript, Zeile 543-551)

Danach kommt Frau Diallo auf ihren Umzug nach Baden-Württemberg im Jahre 2008 zu sprechen und fasst das jetzige Leben ihres Mannes dahingehen zusammen, dass es einfacher sei als in Thüringen. Das begründet sie damit, dass Thüringen an vielen Stellen eine ausländerfeindliche Politik aufweise und sich der Alltag für Menschen mit einer anderen Hautfarbe aus diesem Grund schwierig gestalte. Herr Diallo berichtet, dass er dort bereits mehrmals von der Polizei kontrolliert wurde, woraufhin seine Frau diese Aussage ergänzt und den Unterschied zwischen den beiden genannten Bundesländern anhand weiterer Beispiele darstellt.

> F: „also polizeikontrollen kann man sagen dann auch die mitmenschen sind ganz anders auf einen zugegangen [M: ja] war schon oft eine unfreundliche stimmung [M: ja] die behörden natürlich auch (-) wie die ausländerbehörden hier in baden württemberg funktionieren das weiß ich nicht ob die genauso rigoros sind aber die haben wir ja nicht kennen gelernt (-) doch die haben wir kennen gelernt und die waren ganz nett sogar (-) stimmt (Transkript, Zeile 582-588)

Im Anschluss daran stellt mir Herr Diallo die Frage, ob ich noch mehr wissen wolle und beendet auf diese Weise den Hauptteil des Interviews. Daraufhin beginne ich mit der Nachfragephase, indem ich ihn auf seine Familie anspreche und mich nach deren Reaktion auf seine Beziehung mit einer Deutschen erkundige.

4.3.3.2 Die Familie des Mannes

```
599  I:  ich würde noch ma:l auf euer kennen lernen zurückkommen  (-) du
600      hast gesagt du hattest deine familie lange nicht gesehen u:nd
601      wie hat deine familie letztendlich darauf reagiert dass du mit
602      einer deutschen zusammen bist und sie sogar geheiratet hast?=
603  M:  =ja die haben sich gefreut
604  F:  ((lacht))
605  M:  haben sie sich gewünscht dass wir nach afrika zusAmmen gehen(-)
606      we:il (-) ja wollen die mein frau erst mal kennen lernen ist
607      aber noch nicht bis JETZT nicht passiert (-) <<acc> aber das
608      kostet VIEL geld hin und her fahren> (-) wollen die immer wenn
609      die mit mir am telefon sind wollen die immer mit meine frau
610      unterhalten gib sie mir doch mal unterhalten aber (-) was soll
611      ich machen? sie kann kein fula und meine familie unterhalten
612      die meisten nur äh:: fula und englisch können sie gebrochen
613      englisch also das KREOL sagt man  (-) ja (-) kreol (--) ist
614      SCHWIERIG (-) aber (-) ja ich bin immer noch in der meinung
615      dass wir nach afrika mal einen monat fliegen
616  F:  hm: wenn das geld dazu da ist bis jetzt bist du immer alleine
617      geflogen obwohl ich mit wollte und ich durfte nicht mit <<mit
618      hoher Stimme> weil das geld nicht gereicht hat>
```

```
619  M:  du DARFST mit aber wenn das geld wenig ist (-) ich lass dich
620      nicht alleine hinfahren (--) am besten hast du jemanden der der
621      wenigstens die übersetzung machen kann
622  F:  ja(h)a natÜrlich das ((lacht)) alleine würde ich natürlich
623      nicht fliegen sondern mit dir zusammen
```

Meine Frage, wie seine Familie auf die Beziehung mit einer Deutschen reagiert habe (Z. 599-602), beantwortet Herr Diallo eindeutig damit, dass sie sich sehr gefreut sowie den Wunsch geäußert habe, Frau Diallo kennen lernen zu wollen (Z. 603-605). Dieses Kennenlernen habe allerdings aufgrund der hohen Reisekosten bisher noch nicht stattgefunden (Z. 606-608). Daraufhin erzählt er, dass seine Angehörigen immer mit seiner Frau sprechen wollen, wenn er mit ihnen telefoniert, was er anschließend in indirekter Rede wiedergibt (Z. 608-610). Als nächstes fragt er, was er machen solle (Z. 610-611). Der Sinn dieser Frage lässt sich jedoch erst durch die darauffolgende Erklärung erschließen, dass seine Frau kein Fula[4] spreche, wohingegen sich seine Familie nur in dieser Sprache unterhalte (Z. 611-612). Herr Diallo fügt hinzu, dass seine Angehörigen außerdem über gebrochene Englischkenntnisse verfügen und konkretisiert seine Aussage schließlich dahingehen, dass es sich dabei um Kreol[5] handelt (Z. 612-613). Diese sprachlichen Differenzen bewertet er als schwierig und gibt an mit seiner Frau trotzdem einmal nach Afrika reisen zu wollen (Z. 613-615). Dann knüpft Frau Diallo mit den Worten „wenn das geld dazu da ist" an das Gesagte ihres Mannes an und wirft ihm vor, bisher immer ohne sie geflogen zu sein (Z. 616-617). Mit verstellter Stimme betont sie, dass sie ihn aufgrund finanzieller Probleme nicht begleiten durfte (Z. 617-618). Herr Diallo entgegnet sofort, dass er keine Einwände gegen ihre Begleitung habe, schränkt aber gleich darauf ein, dass er sie nicht alleine verreisen lasse, wenn das Geld für zwei Personen nicht ausreiche (Z. 619-620). Seinen Standpunkt erklärt er damit, dass es besser für sie sei einen Übersetzer an der Seite zu haben, was seine Frau befürwortet (Z. 620-623).

---

[4] Fulfulde (engl. Fula) ist eine der weitverbreitetsten Sprachen in Westafrika. Fulfulde wird von etwa sieben Millionen Menschen gesprochen, von denen die meisten aus dem Senegal, Mauretanien, Ghana, Gambia, Guinea, Guinea-Bissau, Sierra Leone, Mali, Burkina Faso, Benin, Nigeria, Niger, Tschad und Kamerun kommen (http://www.panafril10n.org/wikidoc/pmwiki.php/PanAfrLoc/Fula).

[5] Kreolsprachen sind in einer Sprachkontaktsituation aus mehreren Sprachen entstanden. Viele Kreolsprachen haben sich in ehemaligen Kolonialgebieten europäischer Staaten entwickelt und basieren meistens auf dem Englischen, Spanischen, Französischen, Portugiesischen oder Niederländischen (http://www.kreolistik.de/).

Herr Diallo antwortet ohne nachzudenken auf meine Frage und sagt, dass sich seine Familie gefreut habe (Z. 603). Daraufhin wird er durch ein Lachen seiner Frau unterbrochen, mit dem sie ihre Freude über diese positive Reaktion ausdrückt (Z. 604). Dann setzt er seine Antwort fort und ergänzt, dass sich seine Familie wünscht Frau Diallo zu treffen. Durch die Betonung des Verbs „gewÜnscht" (Z. 605) und des Adverbs „zusAmmen" (Z. 605) verdeutlicht er, wie wichtig ihnen das Kennenlernen ist, schränkt aber gleich darauf ein, dass dies bisher nicht verwirklicht wurde. Indem er „noch nicht" zu „bis JETZT nicht" steigert (Z. 607) und das Wort „JETZT" deutlich betont, erweckt er den Anschein, dass er bestrebt ist diesen Zustand zu ändern und mit seiner Frau in absehbarer Zeit nach Afrika reisen wird. Mit der nun folgenden Erklärung der hohen Reisekosten rechtfertigt er sich vor mir als Interviewerin, wobei er schnell spricht und das Wort „VIEL" (Z. 608) betont. Dies könnte einerseits auf seine Verlegenheit zurückzuführen sein, dass sich die afrikanische Familie und seine Frau nach acht Jahren Beziehung noch nie persönlich begegnet sind. Andererseits lässt es darauf schließen, wie wichtig es ihm ist, eine plausible Begründung dafür anzugeben. Anschließend erzählt er, dass seine Angehörigen bei Telefonaten ständig das Gespräch mit seiner Frau suchen und hebt damit erneut deren Interesse an ihr hervor (Z. 608-610). Auf diese Weise positioniert er sie indirekt als aufgeschlossene Menschen, die sich für sein Leben in Deutschland interessieren und an diesem teilhaben wollen. Die nachstehende Frage scheint Herr Diallo an sich selbst zu richten, da er ohne Pause fortfährt und das Rederecht nicht abgibt (Z. 610-611). Damit leitet er zu der anschließend beschrieben Problematik über. Er erläutert die sprachlichen Differenzen zwischen seiner Familie und seiner Frau und bewertet diese als schwierig (Z. 611-614). Die vorangegangene Pause (Z. 613) und die Betonung des Adjektivs „SCHWIERIG" (Z. 614) untermauern die Bedeutung der Sprachunterschiede. Danach äußert er explizit, dass er mit Frau Diallo nach Afrika fliegen wolle und bestätigt so den zu Beginn erweckten Anschein (Z. 614-615). Im Anschluss daran beginnt eine Diskussion zwischen den Ehepartnern. Frau Diallo übernimmt durch Selbstwahl das Rederecht und richtet sich mit dem Thema Geld direkt an ihren Mann. Das langgezogene Rezeptionssignal „hm:" (Z. 616) lässt sie genervt und gereizt erscheinen, wofür der Grund jedoch erst im nächsten Satz ersichtlich wird. Sie äußert den Vorwurf, dass er bisher immer alleine nach Afrika geflogen sei, wobei sie ihre Aussage durch das Adverb „immer" (Z. 616) untermauert. Mit der Konjunktion „obwohl"

(Z. 617) stellt sie den klaren Gegensatz zwischen dem Verhalten ihres Mannes und ihrem eigentlichen Wunsch, nämlich ihn zu begleiten, dar. Die Missachtung ihres Willens und ihr Unverständnis darüber wird ebenso durch die Ergänzung „und ich durfte nicht mit" (Z. 617) hervorgehoben. Anschließend gibt sie ihren Mann mit verstellter, hoher Stimme wieder (Z. 617-618). Auf diese Weise bringt sie ihre Empörung zum Ausdruck, da er sich über ihren Willen hinweggesetzt und diesen des Geldes wegen nicht berücksichtigt hat. Daraufhin meldet sich Herr Diallo zu Wort und widerlegt mit der Betonung des Verbs „DARFST" (Z. 619) die Aussage seiner Frau, dass sie nicht mit nach Afrika dürfe. Als Grund für sein alleiniges Reisen stellt er die Geldknappheit in den Vordergrund, welche bereits von seiner Frau angesprochen wurde. Danach setzt er die Erklärung seines Verhaltens in einer ruhigen und monotonen Sprechweise fort, so dass es wirkt, als wolle er seine Frau besänftigen und sichergehen, dass sie seinen Standpunkt versteht. Frau Diallos Lachen und das betonte „natÜrlich" (Z. 622) am Ende lassen darauf schließen, dass sie die Begleitung ihres Mannes als selbstverständlich erachtet.

4.3.3.3 Zusammenfassung

In dieser Passage schildert zuerst Frau Diallo, dass ihre Eltern positiv reagierten, als sie von ihrer Beziehung erfahren haben, worüber sie sehr überrascht war. Vor allem von ihrem Vater hat sie eine ablehnende Haltung erwartet, weil dieser schon immer Vorbehalte gegenüber ausländischen Partnern hatte. Vermutlich deswegen hat sie ihm erst nach drei Monaten von der Beziehung berichtet. Dass ihre Eltern auch bezüglich der Hochzeit keine Bedenken geäußert haben, zeigt sich einerseits daran, dass sich ihre Mutter mit einem Fernsehauftritt für das Ehepaar einsetzte, um gegen die Diskriminierungen seitens der deutschen Behörden vorzugehen und anzukämpfen, andererseits berichtet Herr Diallo, dass sich zwischen ihm und seinem Schwiegervater eine Freundschaft entwickelt habe. Weil die Partnerwahl auch von der afrikanischen Familie akzeptiert wurde, sind die Reaktionen der Herkunftsfamilien in diesem Fall kein Problemfeld, mit dem sich das Ehepaar auseinandersetzen musste. Stattdessen kommen in dieser Passage bereits andere Schwierigkeiten zum Ausdruck. Am Ende der Sequenz „Die Familie des Mannes" beschwert sich Frau Diallo, dass Herr

Diallo bisher immer alleine nach Afrika geflogen sei. Dabei spricht sie erstmalig die Thematik Geld an, worauf sie in der folgenden Passage noch genauer eingeht.

4.3.3.4 Vergleich

Die Reaktionen der Familien auf die Beziehung wurden auch von den anderen Ehepaaren ausführlich beschrieben. Im Gegensatz zu dem Ehepaar Diallo, bei dem die Reaktionen positiv waren, wurden Herr und Frau Enver von Seiten der deutschen Verwandtschaft mit Einwendungen gegen ihre Beziehung konfrontiert. Als Frau Enver in das Heimatland ihres Mannes reiste, um ihm dort das Jawort zu geben, habe ihre Schwester ihre Vorbehalte folgendermaßen ausgedrückt:

> F: „na meine schwester äh die hat (-) da war ich dann halt eine ausländerhure und was weiß ich nicht alles die haben mir die autoreifen zerstochen dreimal hintereinander und die haben auch meine wohnung aufgebrochen als ich nicht da war und haben darin randaliert (-) die hat auf dem jugendamt gesagt ich bin einfach abgehauen was gar nicht gestimmt hat ich habe ihr geld dagelassen und sie sollte meine kinder einfach von 150 DM ernähren 150 DM für drei kinder für eine woche ist viel (-) DM zeiten noch ge (-) nee das hatte sie dann verjuchtelt und hat dann überall erzählt ich hätte gar nichts dagelassen und das ging soweit dass das jugendamt meine kinder holen wollte und ins heim stecken wollte" (Ehepaar Enver, Zeile 204-215)

> M: „von anfang an erste tag wenn ich war bei a. (ehefrau) in seine wohnung die (schwester) hat die augen zugemacht bei mir ich hab gewusst dass (2.0) dass sie dass hasst mich ich weiß nicht ich hab ihr nicht was nicht was getan ge so ich hab nicht mal eine wort getauscht mit ihr" (Ehepaar Enver, Zeile 552-556)

Die Erzählungen zeigen allerdings, dass in diesem Fall ein deutlicher Unterschied zwischen den Reaktionen der Herkunftsfamilien besteht. Herr Enver berichtet, dass seine Frau von der kosovarischen Familie positiv aufgenommen und er in seiner Entscheidung eine deutsche Partnerin zu heiraten sofort unterstützt wurde.

> M: „meine familie hat hat mich gesagt und das hat gesagt wenn dich gefällt dann gut und dann mach weiter und wenn a. waren im rückweg wenn hat zurück nach deutschland gefahren haben alles geweint (2.0) alles einer nach dem anderen einzigste ich hab geschafft nicht zu weinen" (Ehepaar Enver, Zeile 70-74)

Dieser Unterschied zeigt sich auch in den Aussagen von Frau Benchemsi. Demnach haben ihre Verwandten die Beziehung zuerst akzeptiert, waren allerdings geschockt, als sie über die bevorstehende Hochzeit informiert wurden. Die Familie versuchte zu intervenieren und konfrontierte Frau Benchemsi mit folgenden Bedenken:

> F: „da hab ich es meiner familie das erste mal gesagt dass wir heiraten wollen (3.0) die reaktion war nicht gerade positiv die war so nein das geht nicht und ja halt diese ganzen vorurteile runtergerattert so na ja und wie willst du dir das vorstellen mit ihr wohnt noch

nicht zusammen ihr wisst noch nicht wie wie ihr miteinander klar kommt und ja wegen
wegen geld (-) weil ich bekomme hier kindergeld und noch halbwaisenrente ob du das dann
alles weiterkriegst und ähm na dann halt noch dass er mich nur heiratet wegen wegen ähm
dass er halt in deutschland bleiben kann und na ja so was halt" (Ehepaar Benchemsi, Zeile
176-186)

Letztendlich habe ihre Familie die Entscheidung zu heiraten allerdings toleriert und
sie sogar bei den Hochzeitsvorbereitungen unterstützt. Auch in diesem Fall haben die
ausländischen Verwandten viel positiver auf die Beziehung reagiert. Sie haben sich
sofort gefreut und Frau Benchemsi herzlich aufgenommen.

F: „ich weiß dass die familie an sich nie was dagegen hatte (-) also dass die sich gefreut
haben (-) auch gefreut haben ähm die wollten mich dann halt auch immer kennen lernen (-)
das hat aber halt die erste reise hat halt nicht geklappt die wollten mich halt immer mal
kennen lernen und (--) ja also soweit er es zu mir gesagt hat hatten die nie ein problem
damit (-) haben sich halt für ihn gefreut dass er eine frau gefunden hat und also ich muss
auch sagen ich wurde dort sehr herzlich empfangen und gut aufgenommen" (Ehepaar
Benchemsi, Zeile 1229-1237)

In diesem Zusammenhang ist eine klare Tendenz zu erkennen. Nach Angaben der befragten Ehepaare scheinen die deutschen Familien negativer auf die Beziehung zu
reagieren als die ausländischen Familien. Die Endogamie legt fest, dass Ehen nur innerhalb der eigenen Gruppe geschlossen werden sollen, was besonders von Frauen
der hoch industrialisierten Nationen erwartet wird (Zehler 2008, S. 58). Deshalb erfahren vor allem die Ehen zwischen deutschen Frauen und ausländischen Männern
weniger gesellschaftliche Anerkennung und werden abgelehnt (Gómez Tutor 1994,
S. 10, S. 128-129). Die Reaktionen werden von dem Einkommen, dem Berufsstand
und der sozialen Stellung des ausländischen Ehepartners beeinflusst. Für Familien-
mitglieder spielt zudem die Herkunft und damit auch die Hautfarbe eine wichtige
Rolle. Diesbezüglich kann von einem Gefälle gesprochen werden, wobei nördliche
und westliche Kulturen eher akzeptiert werden als südliche und östliche (ebd. S. 131).
Nach Scheibler ist dieses Gefälle bereits innerhalb Europas zu erkennen. Die Ergebnisse ihrer Untersuchung verdeutlichen, dass westeuropäische Partner seltener abgelehnt werden als südeuropäische (1992, S. 117). Demgegenüber stoßen Hochzeiten
mit Vertretern der westlichen Gesellschaften bei den Familien aus Entwicklungslän-
dern auf deutlich weniger Widerstand, was mit dem höheren ökonomischen Status in
Zusammenhang stehen kann (Zehler 2008, S. 62).

4.3.4 Drittes Problemfeld: Konflikte innerhalb der Beziehung

4.3.4.1 Hausbau in Afrika

```
624  I:  und habt ihr schon mal darüber nachgedacht vielleicht in der
625      zukunft auch mal in afrika zu leben?
626      (5.0)
627  M:  also davon sagt mein frau die antwort
628      (3.0)
629  M:  [ich ich auf jeden fall]
630  F:  [also am anfang von] unserer beziehung hab ich mir das SCHON
631      vorstellen können (-) allerdings hab ich mich da glaube ich
632      nicht so richtig mit befasst und das war alles nur der dieser
633      druck von außen dass ja wenn wir hier in deutschland leben
634      nicht leben können irgendwie leben wir schon zusammen und wenn
635      wir in afrika zusammenleben dann geht das dort (-) mittlerweile
636      bin ich der überzeugung dass
637  M:  nicht so richtig
638  F:  dass es für mich in afrika KEINE zukunft gibt (2.0) weil ich
639      mir immer überlege die leute kommen HIER her nach deutschland
640      oder HIER her nach europa um ein besseres leben zu führen und
641      dann gehe ich da RUNTER um dort zu leben und muss dort mit
642      vielen einschränkungen leben (-) das ja (-) will ich einfach
643      nicht und ich möchte meinem kind auch sag ich mal eine gute
644      zukunft bieten in dem er hier (-) wenn er das will (-) hier
645      studieren kann oder eben den beruf ausüben kann den er gern
646      möchte oder erst mal erlernen kann und dann ausüben (2.0) ja
647      und deswegen kommt das für mich nicht mehr in frage allerdings
648      will mein mann TROTZDEM immer noch ein HAUS in afrika bauen
649      ((lacht))        worüber es immer streit gibt bei uns ganz oft (-)
650  M:              [ja:]
651  F:  weil das kostet natürlich ein heiden GELD und ja wenn wir da eh
652      nicht unten leben wozu dann ein haus (-) das ist meine meinung
653      (-) wozu brauche ich dann auch ein haus dort und das sind so
654      KONFLIKTPUNKTE kann ich sagen die es bei uns in der beziehung
655      gibt und das in letzter <<lachend> zeit auch gehäuft> (2.0)
656      weil eben das geld auch immer knapp ist und (-) ja (-) genau
```

Die Antwort auf meine Frage, ob sich das Ehepaar bereits Gedanken über ein zukünftiges Leben in Afrika gemacht habe, überlässt Herr Diallo zunächst seiner Frau (Z. 624-627). Nach einer kurzen Pause fügt er jedoch hinzu, dass er sich auf jeden Fall vorstellen könne dort zu leben, wohingegen Frau Diallo meint, dass sie lediglich zu Beginn ihrer Beziehung daran gedacht habe (Z. 628-631). Sie räumt ein, dass sie sich damals nicht richtig mit diesem Thema befasst habe und die Überlegung nur durch den Druck von außen aufkam (Z. 631-635). Inzwischen sei sie aber davon überzeugt, dass es in Afrika keine Zukunft für sie gebe, da sie dort mit vielen Einschränkungen fertig werden müsse (Z. 635-643). Außerdem wolle sie ihrem Sohn die Möglichkeit bieten, ein Studium oder eine Ausbildung seiner Wahl aufzunehmen (Z. 643-646). Anschließend wiederholt sie, dass ein Leben in Afrika für sie nicht mehr in Frage komme, setzt dem aber entgegen, dass Herr Diallo dennoch beabsichtige dort ein Haus zu bauen (Z. 647-648). Sie sagt, dass es sich dabei um einen Konfliktpunkt handelt und begründet dies mit den hohen Kosten des Vorhabens (Z. 649-651). Dann ergänzt sie, dass sie ihrer Meinung nach kein Haus in Afrika benötigen, da sie ohnehin nicht darin wohnen werden (Z. 651-653). Sie betont erneut, dass dieses Thema innerhalb der Beziehung Streit verursache und sagt, dass dies in letzter Zeit häufiger geschehe (Z. 653-655). Sie findet den Grund dafür in ihren Geldsorgen und schließt die Erzählung damit ab (Z. 656).

Die lange Pause im Anschluss an meine Frage gibt beiden Zeit zum Nachdenken. Sie könnte allerdings auch darauf hindeuten, dass sie über das Thema bereits eine Diskussion geführt haben und diese nicht wieder aufnehmen wollen. Dieser Eindruck wird durch die Tatsache verstärkt, dass Herr Diallo das Rederecht an seine Frau abgibt, ohne sich selbst zu äußern (Z. 627). Das lässt schon vermuten, dass sie diesbezüglich verschiedene Meinungen vertreten und er eine weitere Diskussion vermeiden will, indem er sich zurückhält. Als von Frau Diallo keine Äußerung erfolgt, spricht er schließlich weiter und sagt, dass er ein zukünftiges Leben in Afrika auf jeden Fall in Betracht ziehe (Z. 629). Gleichzeitig beginnt auch Frau Diallo zu antworten und betont, dass sie sich zu Beginn ihrer Beziehung vorstellen konnte dort zu leben, wobei sie ihre Aussage durch die Betonung von „SCHON" (Z. 630) unterstreicht. Danach bringt sie allerdings ihren Einwand zum Ausdruck. Sie begründet diese Einstellung aus heutiger Sicht mit ihrer damaligen Unwissenheit und dem Druck von außen, auf den sie zuvor im Interview bereits eingegangen ist (Z. 631-633). Damit distanziert sie sich von ihrem erzählten Ich und deutet an, dass sie inzwischen anders denkt. Mit der folgenden Erklärung veranschaulicht sie erneut, dass der Gedanke an ein Leben in Afrika nicht aus eigenem Antrieb aufkam, sondern aus Verzweiflung (Z. 633-635). Dadurch verleiht sie diesem den Charakter einer Notlösung, um dem Druck seitens der Behörden zu entgehen und ein normales Zusammenleben führen zu können. Anschließend schildert sie ihre heutige Sichtweise, dass es in Afrika keine Zukunft für sie gebe, wobei sie „KEINE" (Z. 638) betont und damit den Unterschied zwischen ihrem Mann und sich hervorhebt. Währenddessen unterbricht sie Herr Diallo und setzt ihren Satz mit seinen Worten fort (Z. 637). Das bestätigt den Eindruck, dass beide schon darüber gesprochen haben und er ihre Meinung daher kennt. Dann geht Frau Diallo in eine Argumentation über. Der einleitende Ausdruck „weil ich mir immer überlege" (Z. 638-639) streicht die Gewissheit ihrer Aussage heraus und steigert deren Aussagekraft. Angesichts der Tatsache, dass Afrikaner mit der Hoffnung auf ein besseres Leben nach Europa kommen, schätzt sie die Migration nach Afrika als widersprüchlich ein. Indem sie „HIER" (Z. 640) und „RUNTER" (Z. 641) betont, verleiht sie ihrem Argument Nachdruck und grenzt beide Kontinente deutlich voneinander ab. Zudem assoziiert sie ein dortiges Leben mit „vielen einschränkungen" (Z. 642) und nimmt auf diese Weise eine implizite Abwertung vor. Danach führt Frau Diallo ein weiteres Argument an und sagt, dass sie ihrem Sohn eine gute Zukunft bieten wolle, wodurch sie unterstellt, dass dies in Afrika ausgeschlossen sei (Z. 643-646). Anschließend fasst Frau Diallo ihren Standpunkt noch einmal zusammen und setzt ihn durch eine Pause von der vorangegangenen Erzählung ab. Mit der Floskel „das kommt nicht in frage" (Z. 647) weist sie darauf hin, dass ihre Entscheidung feststeht und nicht geändert werden kann. Dem stellt sie die Absicht ihres Mannes in Afrika ein Haus zu bauen gegenüber. Durch die Betonung von „TROTZDEM" (Z. 648) bringt sie ihren Protest zum Ausdruck und macht lachend deutlich, wie absurd sie das findet. Auf diese Äußerung reagiert Herr Diallo lediglich mit einem langgezogenem „ja:" (Z. 650), wodurch er zu verstehen gibt, dass er an seinem Vorhaben festhält. Frau Diallo ergänzt, dass es diesbezüglich zwischen ihnen Streit gebe, den sie durch die Angaben „immer" (Z. 649) und „ganz oft" (Z. 649) noch gravierender erscheinen lässt. Als Gegenargument nennt sie die damit verbundenen Kosten, wobei sie ihre Aussage durch den Zusatz „heiden" (Z. 651) und die Betonung von „GELD" (Z. 651) untermauert. Im Gegensatz zu der vorherigen Feststellung, dass ein Leben in Afrika für sie nicht in Frage komme, verwendet sie im nächsten Satz das Personalpronomen „wir" (Z. 651). Damit impliziert sie, dass sie der anfänglich geäußerten Meinung ihres Mannes keine Bedeutung beimisst und sie davon ausgeht in ihrem Heimatland zu bleiben. Ihrer Aussage, dass sie auf Grund dessen kein Haus in Afrika benötigen, verleiht sie durch die wiederholte Frage „wozu…" Nachdruck (Z. 652-653). Dass es sich dabei um einen Konfliktpunkt handelt, stellt sie anschließend durch Wiederholung in den Vordergrund und zeigt damit, wie sehr sie das Thema beschäftigt. Zudem ist es auffällig, dass sie „KONFLIKTPUNKTE" (Z. 654) als zentralen Begriff betont und in der Pluralform verwendet, obwohl sie in dieser Sequenz lediglich ein Problem anspricht. Dies könnte darauf zurückzuführen sein, dass sie die Frage nach einem zukünftigen Leben in Afrika mit einschließt. Es könnte aber auch darauf hindeuten, dass es weitere Differenzen innerhalb der Beziehung gibt, an die sie in diesem Moment bereits denkt. Ihre nächste Aussage, dass diese in letzter Zeit häufiger auftreten, lässt schwerwiegende Probleme erkennen, die sie mit ihrem Lachen jedoch herunterspielt (Z. 655). In ihrer abschließenden Bemerkung gibt sie Geldprobleme als endgültige Ursache für ihre Konflikte an (Z. 656).

4.3.4.2 Der Faktor „Zeit"

```
657   I:   u:nd wo du gerade konfliktpunkte ansprichst
658   F:   ((lacht))
659   I:   [gibt es in eurer]
660   M:   [lieber lieber nicht]
661   I:   beziehung sonst noch auseinandersetzungen die sich aufgrund des
662        kulturunterschiedes ergeben?
663   F:   ((lacht))
664   M:   ja wenn ich afrikanisch koche zu hause
665   F:   na gibt es nicht immer konflikte <<lachend> ich ich ich esse
666        schon gern auch afrikanisch> (-) allerdings sind manche zutaten
667        NICHT mein geschmack (-) ähm ja und die art der zubereitung ist
668        halt ein ding die küche sieht dann immer CHAOTISCH ohne ende
669        aus und ja aufgewaschen wird dann auch nicht gleich wieder (-)
670        das muss man dann immer noch mal tausendmal sagen <<lachend>
671        dass da jetzt auch> wieder ordnung in der küche geschafft
672        [werden muss]
673   M:   [na wenn der] mann schon gekocht hat soll die frau putzen oder?
674        ((lacht))
675   F:   man braucht <<lachend> halt> irgendwie zehn töpfe um dann
676        schlussendlich einen topf äh in einem topf ein fertiges gericht
677        zu haben (-) und das nervt mich alles komplett also meine küche
678        ist irgendwie mir HEILIG [und]
679   M:                          [also] (-) also KOCHEN
680   F:   ((lacht))
681   M:   ich sage immer soll man ZEIT haben und RICHTIG kochen wenn man
682        sagt ich WILL kochen sonst kann man in dönerladen gehen was
683        holen (-) da kannst du einmal essen
684   F:   also für meinen mann bedeutet RICHTIG kochen DREI stunden
685        braucht ein essen halt    bis es wirklich GUT ist manchmal
686   M:                          [ja]
687   F:   sogar noch LÄNGER und für mich und mein kind ist es natürlich
688        wichtig wir gehen lange raus und machen viele unternehmen viele
689        sachen und da muss dann unser essen auch schnell gehen also
```

```
690        gibt's dann spaghetti mit tomatensoße das geht schnell oder mal
691        kartoffeln geschält und mischgemüse und und und
692        [buletten das geht schnell]
693   M:   [also ich gehe auch mit den] s. (sohn) unterwegs auch wenn ich
694        LANGE kochen tue (-) oder?
695   F:   ja aber das dauert dann manchmal bis um drei bis mittagessen
696        fertig ist und das passt irgendwie nicht so richtig <<lachend>
697        in unseren zeitplan> also die afrikanische uhr TICKT schon ein
698        stück anders ((lacht))
699   M:   also für uns ist die zeit ist wann fertig ist
700   F:   und da kann man schon verhungert sein aber dann muss das essen
701        (-) das essen ist eben erst später fertig
702   M:   muss erst ordentlich gekocht werden
703   F:   ja das sind so ((lacht)) die sind ja noch ein stück LUSTIG die
704        konflikte
```

Meine Frage, ob innerhalb der Beziehung Auseinandersetzungen aufgrund des kultureller Unterschiede auftreten, schließt direkt an die vorherige Sequenz an (Z. 657-662). Herr Diallo antwortet, dass dies der Fall sei, wenn er afrikanische koche (Z. 664). Gleich darauf stellt seine Frau lachend klar, dass diese Thematik nicht immer zu Konflikten führe und sie gern afrikanisch esse (Z. 665-666). Dem setzt sie jedoch entgegen, dass manche Zutaten nicht ihr Geschmack seien und wertet die Zubereitung als chaotisch (Z. 666-669). Sie kritisiert, dass ihr Mann nicht aufwasche und sie ihn mehrmals dazu auffordern müsse (Z. 669-672). An dieser Stelle unterbricht sie Herr Diallo und entgegnet scherzhaft, dass die Frau putzen solle, wenn der Mann bereits gekocht habe (Z. 673-674). Anschließend kommt Frau Diallo wieder auf die Zubereitung afrikanischer Speisen zurück und meint, dass ihr diese auf die Nerven gehe und ihr die Küche heilig sei (Z. 675-678). Daraufhin geht ihr Mann auf den Aspekt der Zeit ein und sagt, dass man viel davon benötige, wenn man richtig kochen wolle (Z. 681-683). Frau Diallo nimmt Bezug auf diese Aussage und erklärt, was er unter Kochen verstehe, bevor sie schließlich ihre Sichtweise schildert (Z. 684-687). Da sie viel mit ihrem Sohn unternehme, sei es wichtig, dass ihre Speisen schnell zuzubereiten sind (Z. 687-689). Während sie anschließend Beispiele dafür aufführt, fällt Herr Diallo ihr erneut ins Wort und betont, dass er sich mit seinem Sohn trotz langer Zubereitung beschäftige (Z. 689-694). Frau Diallo stimmt ihm diesbezüglich zu, schränkt aber sofort ein, dass ihr Mittagessen in dem Fall erst nachmittags fertig sei, was nicht ihrem Zeitplan entspreche (Z. 695-697). Sie fügt hinzu, dass die afrikanische Uhr anders ticke als die deutsche und kommt nach einem kurzen Wortwechsel mit ihrem Mann zu dem Schluss, dass es sich bei diesem Thema um einen lustigen Konflikt handelt (Z. 697-704).

Sowohl das Lachen von Frau Diallo als auch die Bemerkung ihres Mannes beim Stellen meiner Frage sind wahrscheinlich auf Verlegenheit zurückzuführen und lassen bereits erkennen, dass an dieser Stelle ein heikles Thema angesprochen wurde (Z. 657-663). Herr Diallo antwortet, dass es innerhalb der Beziehung zu Konflikten komme, wenn er afrikanisch koche (Z. 664). Indem seine Frau einschränkt, dass es in diesem Zusammenhang nicht immer Auseinandersetzungen gebe und sie gern afrikanisch esse, mindert sie die Gültigkeit dieser Aussage (Z. 665-666). Mit „allerdings" (Z. 666) bringt sie jedoch ihren Einwand zum Ausdruck und erklärt, worin aus ihrer Sicht das Problem besteht. Sie erzählt, dass manche Zutaten nicht nach ihrem Geschmack seien und kritisiert die Zubereitung dahingehend, dass die Küche danach unordentlich aussehe (Z. 666-669). Dabei betont sie die zentralen Begriffe „NICHT" (Z. 667) sowie „CHAOTISCH" (Z. 668) und untermauert ihre Aussage durch das Adverb „immer" (Z. 668) und der Wendung „ohne ende" (Z. 668). Zudem wirft sie ihrem Mann vor, dass er nicht aufwasche, wobei sie seine Untätigkeit durch die Hyperbel „tausendmal" hervorhebt (Z. 670). Lachend nimmt sie dem Konflikt allerdings die Ernsthaftigkeit und verringert auf diese Weise augenfällig seine Bedeutung als Problem. Herr Diallo scheint sich von seiner Frau jedoch gekränkt und verletzt zu fühlen. Mit seinem Kommentar über die gleichberechtigte Verteilung der Aufgaben verteidigt er sich gegen ihre Aussage und wahrt somit sein Gesicht. Durch sein Lachen verleiht er dem Gesagten einen scherzhaften Charakter und lässt die dargestellte Situation, ebenso wie Frau Diallo, weniger bedeutend erscheinen, als sie es eigentlich ist (Z. 673-674). Mit dem nächsten Satz kommt Frau Diallo wieder auf die Zubereitung afrikanischer Speisen zurück. Das verwendete Adjektiv „komplett" (Z. 677) und die Betonung von „HEILIG" (Z. 678) verdeutlichen, dass sie die damit verbundene Unordnung stört und diese in ihrer Küche unter keinen Umständen dulden möchte. Daraufhin beginnt ihr Mann zu schildern, was er unter „richtig kochen" versteht, wobei er es durch den Faktor Zeit definiert. Er betont die Wörter „ZEIT" (Z. 681), „RICHTIG" (Z. 681) sowie „WILL" (Z. 682) und bekräftigt damit seine Sichtweise. Durch den Vergleich mit einem „dönerladen" (Z. 682), bei dem als Schnellrestaurant die Rationalität und Funktionalität der Nahrungszubereitung im Vordergrund stehen, steigert er die Relevanz der Zeit. Das zeigt, dass er die Qualität einer Speise an der

Dauer der Zubereitung misst. Frau Diallo wiederholt die Aussage ihres Mannes und unterstreicht diese noch einmal durch die Betonung von „RICHTIG" (Z. 684), „DREI" (Z. 684) und „GUT" (Z. 685). Seiner Einstellung stellt sie anschließend ihre eigene gegenüber und macht auf diese Weise den Unterschied zwischen beiden deutlich. Im Gegensatz zu ihrem Mann legt sie auf eine schnelle Zubereitung Wert, was sie dahingehend begründet, dass sie mit ihrem Sohn ständig unterwegs sei (Z. 687-692). An dieser Stelle ist ein Wendepunkt zu erkennen, der den Höhepunkt der Sequenz bildet. Nach der Erwähnung des gemeinsamen Sohnes durch Frau Diallo verschärft sich der Disput und entlädt sich in einem Streitgespräch zwischen den Ehepartnern, weil sich Herr Diallo in seiner Rolle als Vater angegriffen fühlt. Er akzeptiert die Begründung seiner Frau nicht und argumentiert mit der Tatsache, dass er sich mit seinem Sohn beschäftige, obwohl er lange koche (Z. 693-694). Dabei verleiht er seiner Aussage durch die Betonung von „LANGE" Nachdruck (Z. 694). Diesbezüglich stimmt seine Frau ihm zu, schränkt aber sofort ein, dass dies ihren Zeitplan durcheinanderbringe (Z. 695-697). Dass sie an dieser Stelle das Wort „zeitplan" (Z. 697) verwendet, deutet darauf hin, dass ihr Alltag einer geplanten zeitlichen Reihenfolge unterliegt und sie jegliche Abweichungen als störend empfindet. Mit der folgenden Feststellung, dass afrikanische Uhren anders ticken, weist sie auf ein unterschiedliches Zeitbewusstsein zwischen ihr und ihrem Mann hin und untermauert dieses durch die Betonung des Verbs „TICKT" (Z. 697). Herr Diallo bestätigt diesen Unterschied, indem er seinen flexiblen Umgang mit der Zeit zum Ausdruck bringt, wobei er durch das Personalpronomen „uns" (Z. 699) seine Zugehörigkeit zu der afrikanischen Kultur kennzeichnet. Im Anschluss daran überspitzt seine Frau mit dem Verb „verhungern" (Z. 700) schließlich die geschilderte Situation und zeigt, dass diese Einstellung für sie nicht nachvollziehbar ist. Am Ende der Sequenz bewertet sie diese Konflikte als lustig und verstärkt diesen evaluierenden Schlusskommentar durch ihr Lachen und dem betonten Adjektiv „LUSTIG" (Z. 703-704). Vor allem die Diskussion zwischen den Ehepartnern am Ende der Sequenz verdeutlicht allerdings, dass der angesprochene Disput ganz und gar nicht lustig, sondern gravierender ist, als von Herr und Frau Diallo dargestellt wird.

ⓘ Hintergrundinformation zum Umgang mit der Zeit

Die Zeitwahrnehmung ist in den jeweiligen Kulturkreisen sehr unterschiedlich. Die Anthropologen Edward Hall und Mildred Hall (1990) differenzieren in diesem Zusammenhang zwischen monochronen und polychronen Gesellschaften. Monochrone Menschen betrachten die Zeit als eine Ressource, die verwaltet werden muss und demnach gewonnen, verloren oder vergessen werden kann. Zudem sehen sie die Zeit als ein lineares System, wobei Tätigkeiten nach ihrer Wichtigkeit eingeteilt und nacheinander in einer festgelegten Reihenfolge erledigt werden. Sie empfinden Unterbrechungen ihrer Planung als störend. Deutschland ist eines dieser zeitbewussten Länder.

In polychronen Gesellschaften dagegen, wie beispielsweise Sierra Leone, wird die Zeit eher zerteilt und nicht systematisch verplant. Menschen aus solchen Ländern bevorzugen mehrere Aufgaben gleichzeitig zu bearbeiten und kennzeichnen sich durch einen flexiblen Umgang mit Terminplanungen. Deshalb ist die Improvisation ein fester Bestandteil ihres alltäglichen Lebens. Die Zeit wird als ein Element wahrgenommen, das nicht beeinflussbar ist (S. 13-15).

Treffen Vertreter beider Gesellschaften in bikulturellen Partnerschaften aufeinander, kann es folglich zu Konflikten kommen.

4.3.4.3 Finanzielle Unterstützung der afrikanischen Familie

```
704  F:  es gibt auch konflikte die sind sehr SCHWER auszuhalten (2.0)
705      ähm:: ja in sachen GELD ganz einfach (-) es gibt dinge da legt
706      mein mann halt sein geld ZURÜCK anstatt dass wir das alles in
707      einen topf werfen und gemeinsam von dem geld leben (-) ja da
708      wird dann halt von meinem mann geld nach afrika geschickt um
709      seiner familie zu helfen <<all> ist alles verständlich> aber
710      wenn kein geld da ist ist mein standpunkt dann muss erst mal
711      <<len> seiner EIGENEN familie GEHOLFEN werden>
712  M:  also ich helfe meiner familie gerne wenn ich den helfen kann
713      (2.0) aber ich muss auch sehen wie es ist wenn ich sehe da
714      gibt's eine lücke muss ich u:nd gibt's eine lücke den zu helfen
715      (-) tue ich den helfen aber wenn ich sehe da keine lücke ich
716      den zu helfen (-) ist da keine (-) gibt's nicht
717  F:  dazu muss man vielleicht noch sagen dass mein mann
718      ERSTgeborener ist in der familie und auch wirklich
719      verantwortung hat für vie:le KÖPFE in afrika für viele
720      familienmitglieder praktisch auch immer helfende hand sein
721      SOLL   und sein MUSS und zumindest wird das von ihm so
722  M:  [ja]
723  F:  erwartet (-) dass er das gar nicht bieten kann und gar nicht
724      leisten kann das wird glaube ich von der afrikanischen familie
725      ein stück weit also unterschätzt dass er gar nicht ja er kann
726      gar nicht so viel helfen wie er das eigentlich sollte oder
727      müsste oder wie von ihm erwartet wird
```

```
728   M:  ja richtig aber ich muss mir selber gucken was ich schaffen
729       kannst oder nicht
```

Indem Frau Diallo feststellt, dass innerhalb ihrer Beziehung auch Konflikte auftreten, die nur schwer zu ertragen seien, schließt sie direkt an die vorangegangene Sequenz an (Z. 704). Danach macht sie eine kurze Pause, bevor sie deren Ursache nennt und auf das Thema Geld zu sprechen kommt (Z. 705). Sie wirft ihrem Mann vor, dass er sein Geld spare, um es zur Unterstützung seiner Angehörigen nach Afrika zu schicken, anstatt es für die gemeinsamen Lebenshaltungskosten aufzubringen (Z. 705-707). Sie sagt, dass sie ihn diesbezüglich verstehe, setzt dem aber entgegen, dass er aufgrund finanzieller Schwierigkeiten erst an sie und den gemeinsamen Sohn denken müsse (Z. 707-711). Daraufhin meint Herr Diallo, dass er seine Angehörigen gern unterstütze, schränkt aber gleich darauf ein, dass dies nur dann geschehe, wenn das Geld dazu ausreiche (Z. 712-716). Erklärend fügt seine Frau hinzu, dass er der Erstgeborene in seiner Familie sei und daher die Verantwortung für sie trage (Z. 717-723). Diese schätze seine Finanzen jedoch falsch ein und stelle Erwartungen, die er in dem Maß nicht erfüllen könne (Z. 723-727). Herr Diallo bejaht das Gesagte seiner Frau und fügt hinzu, dass er selber schauen müsse, was er schaffen kann oder nicht (Z. 728-729).

Mit dem ersten Satz bestätigt Frau Diallo die Vermutung aus der Sequenz „Hausbau in Afrika", dass innerhalb der Beziehung noch mehr Probleme auftreten, die diese stark belasten. Sie betont „SCHWER" (Z. 704) als zentrales Adjektiv und gibt damit bereits eine Einschätzung der Thematik ab. Die kurze Pause im Anschluss und das langgezogene „ähm::" deuten darauf hin, dass es ihr unangenehm ist darüber zu sprechen und sie erst überlegen muss, wie sie diesen Umstand am besten erklärt (Z. 705). Durch Betonung stellt sie schließlich das Thema Geld als Ursache der Konflikte in den Mittelpunkt und sagt, dass ihr Mann sein Einkommen lieber spare, anstatt mit ihr zusammen davon zu leben (Z. 705-707). Demnach stört es sie, dass er zwischen beiden Einkommen differenziert und sie nicht gemeinsam über die Verwendung entscheiden. Dabei bekräftigt sie ihren Vorwurf durch die Betonung von „ZURÜCK" (Z. 706). Sie ergänzt, dass er seine Ersparnisse zur Unterstützung seiner Familie nach Afrika schicke und bringt ihr Verständnis dafür anschließend durch eine schnelle Sprechweise zum Ausdruck (Z. 707-709). Daraufhin schränkt sie allerdings ein, dass er dabei keine Rücksicht auf ihre finanziellen Schwierigkeiten nehme und erhebt den

Anspruch, dass er in diesem Fall erst an seine eigene Familie denken müsse (Z. 709-
711). Das zeigt, dass beide unterschiedliche Vorstellungen über die Verwendung des
Einkommens haben, was jedoch auf den Geldproblemen zu beruhen scheint. Außerdem vermittelt sie den Eindruck, dass ihr Mann mehr um das Wohl seiner Verwandten in Afrika besorgt ist und sie und ihr gemeinsamer Sohn für ihn lediglich von
zweitrangiger Bedeutung sind. Durch eine langsame Sprechweise und den betonten
Begriffen „EIGENEN" (Z. 711) und „GEHOLFEN" (Z. 711) verleiht sie ihrer Aussage Nachdruck und markiert dadurch deren Bedeutung als Kernaussage der Sequenz. Daraufhin übernimmt Herr Diallo das Rederecht und stellt ruhig klar, dass er
seine Angehörigen gern unterstütze (Z. 712). Er erklärt, dass er seine Hilfe lediglich
dann anbiete, wenn die Finanzen es zulassen und weist damit den Vorwurf seiner
Frau entschieden zurück (Z. 712-716). Der Gebrauch des Wortes „lücke" (Z. 714)
zeigt, dass er jede Gelegenheit ausnutzt, um seiner Familie zu helfen. In der Erklärung, die Frau Diallo angibt, geht sie auf das afrikanische Familienbild ein und betont, dass ihr Mann der Erstgeborene sei (Z. 717-718). Sie fügt hinzu, dass er deshalb
die Verantwortung für viele Angehörige habe und unterstreicht deren Ausmaß durch
das gedehnte „vie:le" (Z. 719) und die Betonung von „KÖPFE" (Z. 719). Die Notwendigkeit seiner Unterstützung verdeutlicht sie zusätzlich, da sie „SOLL" zu
„MUSS" steigert (Z. 721) und anschließend festhält, dass diese von ihm erwartet
wird. Mit dieser Hintergrundinformation nimmt sie ihren Mann in Schutz und weist
die Schuld für ihren Konflikt indirekt seiner afrikanischen Familie zu. Diesen Eindruck vermittelt sie auch mit der folgenden Aussage. Ihrer Meinung nach schätze sie
seine Finanzen falsch ein und stelle Erwartungen an ihn, die er unmöglich erfüllen
kann (Z. 723-727). In diesem Zusammenhang stimmt Herr Diallo seiner Frau mit „ja
richtig" (Z. 728) explizit zu. Er gibt ihr jedoch zu verstehen, dass er selbst entscheiden müsse, wie viel Geld er nach Afrika schicke und sie darauf keinen Einfluss nehmen kann (Z. 728-729).

**Hintergrundinformation zu der unterschiedlichen Bewertung von
Herkunfts- und Fortpflanzungsfamilie**

*Die Vorstellung, was eine Familie überhaupt ist, unterscheidet sich in bestimmten
Kulturen. Traditionell orientierte Gesellschaften haben diesbezüglich oftmals eine
andere Vorstellung als westliche (Zehler 2008, S. 38). Thode-Arora (1999) spricht in
diesem Zusammenhang von der Klassifizierung zweier Familientypen, und zwar den
konjugalen und den konsanguinalen.*

In einem konjugalen Familiensystem, was beispielsweise in Afrika vorherrschend ist, spielt insbesondere die Herkunftsfamilie, also die Gemeinde eine herausragende Rolle. Das bedeutet, während die Großfamilie im Mittelpunkt steht, besitzt die Fortpflanzungsfamilie mit dem Ehepartner und den eigenen Kindern lediglich eine untergeordnete Bedeutung. Der Einzelne identifiziert sich über die Gemeinschaft und entwickelt so ein Verantwortungsgefühl für alle seine Verwandten. Daher ist auch die finanzielle Unterstützung der Großfamilie ein sehr wichtiger Aspekt.

In westlichen Kulturen dagegen, in denen das konsanguinale Familiensystem vorkommt, besitzt die Fortpflanzungsfamilie einen höheren Stellenwert, wohingegen die Verwandten weniger wichtig sind (S. 278-279).

Dieser Unterschied kann einen Konfliktbereich in bikulturellen Partnerschaften darstellen. Besonders dann, wenn die jeweils andere Sichtweise nicht berücksichtigt wird und die Ehepartner versuchen ihr Familienkonzept hervorzuheben (Gómez Tutor 1994, S. 99). Ebenso kann die unterschiedlichen Vorstellungen über die finanzielle Unterstützung der Herkunftsfamilie diesbezüglich Probleme auslösen (ebd. S. 120).

Im weiteren Verlauf erkundige ich mich, ob es auch deutsche Eigenschaften gebe, die Herr Diallo als störend empfindet. Diese Frage beantwortet er eindeutig dahingehend, dass er diesbezüglich keine Probleme habe. Um mehr Informationen über ihr Zusammenleben zu erhalten, frage ich anschließend, ob innerhalb der Beziehung beide Kulturen ausgelebt werden. Herr Diallo bejaht diese Frage ausdrücklich und zählt mehrere afrikanische Zutaten auf, die er für die Zubereitung von Speisen verwendet.

> F: „er lebt auch noch seinen muslimischen glauben hier [M: ja] in der beziehung kann ich sagen [M: ja] also das umfasst zum beispiel kein schweinefleisch zu essen und dann muss dann halt auch gesehen werden also dann koche ich halt auch kein schweinefleisch (-) mein sohn und ich wir essen das schon (-) obwohl mein mann das nicht so gerne sieht und eigentlich lieber hätte dass wir das nicht essen allerdings haben wir uns dann trotzdem darauf geeinigt dass das dann so hinzunehmen ist oder dass er das auch so hinnimmt" (Transkript, Zeile 757-765)

Frau Diallo berichtet außerdem, dass ihr Mann den islamischen Fastenmonat Ramadan einhält und viel Zeit mit seinen Freunden verbringe, wobei Letzteres ihrer Meinung nach auch eine typisch afrikanische Eigenschaft sei.

4.3.4.4 Umgang mit Konflikten

```
783  I:  und  wie  geht  ihr  mit  den  kulturellen  unterschieden  oder
784      konflikten um?
785  M:  na manchmal wir
786  F:  FETZEN uns ((lacht))
787  M:  wir  streiten  darüber  oder  man  unterhält  sich  darüber  oder
788      gibt's dinge die man sagt ach ist mir scheißegal
```

789	F:	genau und dann (-) also oftmals wird es dann halt auch einfach
790		so weitergelebt ohne dass wir dann noch darüber reden auch wenn
791		in uns beiden schon auch mal ((lacht)) wut KOCHT (-) wir gehen
792		uns dann aus dem WEG muss ich sagen eher [irgendwann]
793	M:	[also für mich]
794	F:	KRACHT es aber wir gehen uns erst mal ganz lange aus dem weg
795		(-) bis es halt irgendwann innerlich nicht mehr auszuhalten ist
796		und dann packen wir es trotzdem auf dem tisch und dann geht das
797		auch
798	M:	also für mich äh: ich hab ein großes problem (-) MAN SAGT (-)
799		aber ich finde das ist kein problem (-) wenn ich äh: wütend bin
800		hab ich ich brauche meine ruhe einfach (-) ich will nicht mit
801		jemand unterhalten mach ich einfach mein sache bis das so
802		abgelöscht ist von allein aber irgendwie zu jemand gehen <<mit
803		hoher Stimme> ah ich hab dieses problem helfe mal so helfe mal
804		bitte> (-) das geht das gefällt mir nicht
805	F:	STIMMT das ist auch so ein typisches kulturding
806	M:	<<f> nein> das geht nicht um kultur gibt's äh wie die menschen
807		verschieden sind (-) bei uns gibt's auch viele wenn die wenn
808		ich problem hab renne ich direkt zu mein zu mein freund oder zu
809		mein schwester oder zu mein tante irgendwie (-) das macht sich
810		ganz offen und dann irgendwann ist fertig aber ich hab keine
811		tante kein onkel hier (--) o:der beste freund hatte ich eine
812		gehabt aber zum schluss dauernd mein frau selber haben
813	F:	((lacht))
814	M:	sage ich gut (-) jetzt ist schluss mit die spaß (-) ich also
815		beste freunde hab ich (-) BIS JETZT (-) noch nicht gefunden
816		vielleicht ist meine eigene fehler oder die zeit ist nicht da
817		(-) ja
818		(4.0)
819	F:	wie war die frage jetzt noch mal?
820	I:	wie ihr mit kulturunterschieden oder konflikten umgeht
821	M:	wie wir mit konflikten umgehen (-) also mein konflikt wenn ich
822		schwierigkeit hab will ich gerne alleine [das regeln]
823	F:	[das stimmt] (--) er
824		hat dann seine ruhe ist schweigsam redet nicht und äh
825	M:	weil für mich beispiel jemand schenkt mit einen cent und näch'
826		nächsten paar tage höre ich von jemanden <<mit hoher Stimme> ah
827		der hat zu mir gesagt der hat dir was geschenkt oder der hat zu
828		dir> ähm: geholfen irgendwie das gefällt mir nicht (3.0) ich
829		will einfach diese sachen machen was ich selber schaffen kann
830	F:	unabhängigkeit
831	M:	unabhängig von jemand anderes und äh weil beispiel (--) mein
832		auto ist jetzt schrott gefahren aber ich werde das von bank ein
833		auto nehmen das ich auf raten zahle oder von meinem geld davon
834		kaufen aber heute will ich nicht zu jemand anderes gehen sag
835		mal gib mal bitte 1000 euro ich zahle dir auf raten das mach
836		ich lieber mit der bank (-) wenn ich das unbedingt brauche
837		(4.0)
838	F:	ja das ist für mich manchmal auch schwer zu verstehen dass er
839		seine dinge halt gern selbst regelt und selbst erledigt aber

```
840        ich weiß nicht ob das typisch afrikanisch ist oder eher typisch
841        mann oder
842  M:    nein
843  F:    wie auch immer
844  M:    nein typisch mann ist das nicht [typisch afrikanisch] ist das
845  F:                                    [typisch mann]
846  M:    auch nicht (-) das ist meine meine gehirn ist so ((lacht))
```

Meine Frage, wie sie mit Konflikten umgehen, beantwortet Frau Diallo eindeutig damit, dass sie sich streiten (Z. 783-786). Diese Antwort konkretisiert Herr Diallo dahingehend, dass sie sich einerseits streiten, andererseits darüber sprechen und manche Konflikte auch ignorieren (Z. 787-788). Dem stimmt seine Frau anschließend zu und ergänzt, dass sie oft nicht darüber reden und sich zunächst aus dem Weg gehen, bis die innere Wut nicht mehr zu ertragen sei (Z. 789-795). Sobald dieser Punkt erreicht ist, führen sie ein klärendes Gespräch und beseitigen den Konflikt (Z. 796-797). Daraufhin beginnt Herr Diallo zu schildern, wie er sich verhalte, wenn er wütend sei. In dem Fall brauche er seine Ruhe und wolle sich nicht über sein Problem unterhalten (Z. 798-804). Seine Frau bestätigt diese Aussage und wertet das Verhalten als ein „typisches kulturding" (Z. 805), woraufhin Herr Diallo ihr sofort widerspricht. Er meint, dass es ebenso Afrikaner gebe, die ihre Probleme mit jemandem besprechen (Z. 806-810). Dem setzt er entgegen, dass seine Tante und sein Onkel nicht in der Nähe wohnen und kommt dann auf seinen besten Freund zu sprechen (Z. 810-811). Dabei ist die Aussage durch den Satzbau nicht ganz eindeutig. Ich verstehe sie dahingehend, dass seine Frau viel Zeit mit diesem verbracht und er die Freundschaft aus diesem Grund beendet habe (Z. 812-814). Er räumt ein, dass er bis jetzt noch keinen besten Freund gefunden habe (Z. 814-817). Nach einer kurzen Pause stelle ich meine Frage auf Wunsch von Frau Diallo erneut, woraufhin ihr Mann wiederholt, dass er seine Probleme bevorzugt selbst regelt (Z. 818-822). An dieser Stelle unterbricht ihn seine Frau und fügt hinzu, dass er seine Ruhe haben wolle und schweigsam sei, was er anschließend an zwei Beispielen erläutert (Z. 823-837). Nach einer erneuten Pause stellt Frau Diallo schließlich fest, dass sie nicht verstehe, warum ihr Mann seine Probleme immer alleine lösen wolle und sie nicht wisse, ob dieses Verhalten typisch afrikanisch oder typisch männlich sei (Z. 838-841). Herr Diallo dagegen kommt zu dem Schluss, dass es weder mit seiner Kultur noch mit seinem Geschlecht zusammenhänge, sondern aus seiner Persönlichkeit resultiere (Z. 842-846).

Zu Beginn der Sequenz unterbricht Frau Diallo ihren Mann und setzt seinen Satz mit ihren Worten fort. Mit der Wendung „sich fetzen" (Z. 786) macht sie deutlich, dass sie Konflikte innerhalb der Beziehung durch Streit austragen, wobei sie diese Tatsache durch die Betonung des Verbs „FETZEN" erst hervorhebt und gleich darauf durch ihr Lachen bagatellisiert. Dazu ergänzt Herr Diallo zwei weitere Austragungsformen, wodurch er den Eindruck mindert, dass sie sich bloß streiten (Z. 787-788). Anschließend geht Frau Diallo ausführlicher auf die angesprochene Thematik ein und beschreibt, wie sie erfahrungsgemäß mit konfliktären Situationen umgehen (Z. 789-791). Dabei verdeutlicht das Adverb „oftmals" (Z. 789), dass es sich um charakteristische Verhaltensmuster handelt, die immer in gleicher Reihenfolge stattfinden. Mit ihrem Lachen (Z. 791) setzt sie die Bedeutung der Aussage jedoch herab, so dass es wirkt, als ob ihr bewusst wird, wie ineffektiv das Verhalten zur Lösung von Konflikten ist. Sie fügt hinzu, dass sie sich zunächst aus dem Weg gehen und unterstreicht dies durch die Betonung von „WEG" und Wiederholung (Z. 791-794). Die Zeitangabe „ganz lange" (Z. 794) kennzeichnet außerdem, dass es sich dabei um keinen vorübergehenden Zustand handelt. Sie beendet ihren Satz in einer ruhigen Sprechweise und erzählt, dass sie letztlich trotzdem ein klärendes Gespräch führen (Z. 795-797). Daraufhin beginnt Herr Diallo seine persönliche Umgangsweise zu schildern und wertet diese als sein großes Problem (Z. 798). Er schränkt allerdings sofort ein, dass nicht er selbst dieser Meinung sei, was er durch die Betonung von „MAN SAGT" (Z. 798) untermauert. An dieser Stelle wird jedoch nicht deutlich, auf wen er das neutrale Personalpronomen „man" bezieht. Dann sagt er explizit, dass er sein Verhalten, was er anschließend beschreibt, nicht als Problem einschätzt (Z. 799). Um seine Einstellung anschaulich darzustellen und noch verständlicher zu machen, gibt er eine Bitte um Hilfe mit verstellter Stimme wieder (Z. 803-804). Auf diese Weise grenzt er sich eindeutig von dem Gesagten ab und zeigt, wie unangemessen er solch eine Reaktion findet, was er danach auch ausspricht (Z. 804). Frau Diallo bestätigt die Aussage ihres Mannes und führt sein Verhalten auf seinen kulturellen Hintergrund zurück. Das betonte „STIMMT" (Z. 805) lässt sie sicher und überzeugt erscheinen, wohingegen die unpräzise Bezeichnung als „typisches kulturding" (Z. 805) zeigt, dass sie sich der konkreten Ursache nicht bewusst ist. Darauf reagiert Herr Diallo mit einem laut hervorgestoßenen „nein" (Z. 806) und weist damit den Zusammenhang zu seiner Kultur entschieden zurück. Im Gegensatz zu seiner Frau findet er den Grund dafür in seiner Persönlichkeit und verstärkt seinen Standpunkt mit der Erklärung, dass nicht alle Afrikaner ihre Probleme alleine lösen (Z. 806-810). Die folgende Feststellung, dass seine Verwandten nicht in der Nähe leben und er keinen besten Freund habe, dient zwar nur als Begründung, lässt aber große Probleme erkennen (Z. 810-817). Er erweckt den Anschein, dass ihm eine unmittelbare Bezugsperson fehlt und er sich einsamer fühlt, als er zugeben will. Das wird durch die Betonung von „BIS JETZT" (Z. 815) zusätzlich verstärkt, was zeigt, dass er bestrebt ist einen besten Freund zu finden. Die Pause von vier Sekunden im Anschluss daran ist darauf zurückzuführen, dass Frau Diallo meine anfängliche Frage entfallen ist. Nachdem ich das Thema erneut benannt habe, fasst Herr Diallo seinen Standpunkt zusammen und hebt ihn damit noch einmal hervor (Z. 818-822). Er präsentiert sich als Mann, der ungern fremde Unterstützung in Anspruch nimmt und bevorzugt, seine Probleme selbst zu lösen. Frau Diallo stimmt ihrem Mann diesbezüglich zu und versichert die Richtigkeit seiner Selbstreflexion durch die Aufzählung von wesentlichen Verhaltensweisen (Z. 823-824). Mit den folgenden zwei Beispielen veranschaulicht er seine Meinung und bekräftigt das Bild, was er zuvor von sich vermittelt hat (Z. 825-836). Danach meint Frau Diallo, dass sie ihren Mann in dieser Hinsicht nicht verstehe und weist damit implizit darauf hin, dass sie auf eine andere Weise mit Problemen umgeht (Z. 838-839). Der nächste Satz steht im Gegensatz zu ihrer früheren Feststellung, dass sein Verhalten ein „typisches kulturding" darstelle. Ihre anfängliche Überzeugung hat sich gelegt und sie vermittelt nun ein Gefühl von Unsicherheit, da sie neben der Variable Kultur auch sein Geschlecht als Ursache in Betracht zieht (Z. 840-841). Herr Diallo dagegen scheint diesbezüglich keine Zweifel zu haben, da er auf seinen Standpunkt beharrt und klarstellt, dass es einzig und allein aus seiner Persönlichkeit resultiere (Z. 842-846).

Meine anschließende Frage, ob innerhalb der Beziehung jemals Sprachprobleme eine Rolle gespielt haben, verneinen beide sofort.

> M: „also bis jetzt nicht (-) sie konnte immer englisch sprechen ich konnte auch immer etwas davon sprechen und auf einmal sage ich ey ich lebe in deutschland ich will die sprache lernen ich will die gesetze wissen ich will die deutsche geschichte wissen ich will (--) also was von deutschland haben und will ich was auch davon verdienen (-) hab ich gesagt ich muss die deutsche sprache lernen" (Transkript, Zeile 859-865)

Seine Frau fügt hinzu, dass es am Anfang schwierig war und sie sich vor allem mit Gesten verständlich gemacht haben. Ihr Mann habe sich dazu entschieden Deutsch zu lernen, um hier leben und arbeiten zu können, weshalb sie sich auch nur auf Deutsch

unterhalten haben. Als ich mich anschließend danach erkundige, wie sie ihren gemeinsamen Sohn erziehen, antwortet Herr Diallo entschieden mit „deutsch". Daraufhin konkretisiere ich meine Frage und spreche das Thema zweisprachige Erziehung
an. Als Herr Diallo erzählt, dass er Deutsch mit seinem Sohn rede, widerspricht ihm
seine Frau und räumt ein, dass er zusätzlich Fula mit ihm spreche. Sie schränkt allerdings ein, dass ihre Muttersprache eindeutig häufiger gesprochen wird.

4.3.4.5 Telefonischer Kontakt zur afrikanischen Familie

```
901   I:  u:nd wie sieht der kontakt zu deiner familie in afrika aus?
902       hast du oft kontakt?
903   M:  äh:: ja (-) ich habe kontakt mit meine familie
904   F:  telefonisch
905   M:  telefonisch
906   F:  AUCH ein konfliktpunkt (-) we:il so telefonkarten die man dann
907       kauft um ins ausland zu telefonieren oder speziell nach afrika
908       zu telefonieren sind SCHON ZIEMLICH kostenintensiv und wenn man
909       dann drei karten in der woche braucht dann sind das 15 euro (-)
910       ja geld was dann nicht [da ist]
911   M:                         [also]
912   F:  aber der kontakt muss natürlich auch bestehen bleiben und das
913       ist ja (.) ja anders GEHT´S halt nicht
914   M:  also für mich drei karten verbrauche ich NICHT aber kommt
915       darauf an (-) gibt's manche fälle wo ich FÜNF karten für woche
916       brauche (-) aber gibt's manchmal im monat wo ich nur ein oder
917       zwei karten kaufe (-) so richtig (-) kann ich auch mal durst
918       haben wenn ich NUR die letzten fünf euro hab (--) äh:: und MUSS
919       ich doch telefonieren um meine familie zu unterhalten (-) lass
920       ich mir lieber die trinken kaufen hole ich mein meine
921       telefonkarte (-) telefoniere ich mit meine familie (-) ja
922       wasser kann ich von wasserleitung holen (-) oder pf (-) ja
923   F:  also das ist schon er will damit sagen das ist schon ziemlich
924       wichtig seine familie
925   M:  meine familie ist AUCH sehr wichtig ja
926   F:  genau (--) und das ist auch alles NACHvollziehbar aus meiner
927       sicht und zu verSTEHEN (-) allerdings ist halt die GELDsache
928       immer wieder steht die im mittelpunkt
```

Meine Frage, ob Herr Diallo mit seiner Familie in Afrika in Kontakt stehe, bejaht er
zögerlich (Z. 901-903). Seine Frau konkretisiert diese Aussage dahingehend, dass te-
lefonischer Kontakt bestehe, was Herr Diallo bestätigt, indem er es wiederholt
(Z. 904-905). Anschließend betont Frau Diallo, dass es sich dabei um einen weiteren
Konfliktpunkt handelt, da Telefonkarten für das Ausland sehr teuer seien und das
Geld dafür nicht zur Verfügung stehe (Z. 906-910). Gleich darauf schränkt sie jedoch

ein, dass der Kontakt bestehen bleiben müsse und dies nicht anders möglich sei (Z. 912-913). Daraufhin erklärt ihr Mann, dass er manchmal fünft Karten in einer Woche benötige, wohingegen er in manchen Monaten nur bis zu zwei Karten brauche (Z. 914-918). Er sagt, dass er sich trotz der Geldprobleme mit seiner Familie unterhalten müsse und verweist dabei auf die Tatsache, dass er sich lieber eine Telefonkarte anstelle von Wasser kaufe, da er dieses auch von der Wasserleitung holen könne (Z. 918-922). Frau Diallo fügt hinzu, dass ihm seine Familie sehr wichtig sei, was er sofort bestätigt (Z. 923-925). Dann stellt sie fest, dass sie das Verhalten ihres Mannes nachvollziehen sowie verstehen könne, setzt dem aber entgegen, dass die Thematik Geld immer im Mittelpunkt stehe (Z. 926-928).

Mit meiner Frage verfolge ich die Absicht, etwas über das Verhältnis zu der afrikanischen Familie zu erfahren. Herr Diallo spricht seine knappe Antwort sehr zögerlich aus und geht nur peripher auf das angesprochene Thema ein (Z. 903). Seine Frau ergänzt, dass telefonischer Kontakt zwischen ihrem Mann und seiner Familie bestehe, was sie gleich darauf als Konfliktpunkt bewertet (Z. 904-906). Damit markiert sie einen Fokuswechsel und bringt entgegen meinen Erwartungen einen weiteren Konflikt zur Sprache. Das zeigt, wie sehr sie dieser Punkt beschäftigt. In der nun folgenden Erklärung unterstreicht Frau Diallo durch die Betonung von „SCHON ZIEMLICH kostenintensiv" (Z. 908), dass wieder finanzielle Schwierigkeiten die Hauptursache darstellen. Dabei spricht sie ihren Mann nicht persönlich an, sondern wirft ihm durch das Personalpronomen „man" (Z. 906) lediglich indirekt vor, zu viel Geld für Telefonkarten auszugeben. Dem setzt sie jedoch entgegen, dass der Kontakt bestehen bleiben müsse und bringt damit ihr Verständnis für dessen Situation zum Ausdruck (Z. 912-913). Mit der Betonung von „GEHT'S" (Z. 913) untermauert sie ihren Standpunkt zusätzlich und zeigt gleichzeitig, dass es keine Lösung für dieses Problem gibt. Daraufhin übernimmt Herr Diallo das Rederecht, wobei er seiner Frau zunächst widerspricht und seine Aussage durch das betonte „NICHT" hervorhebt (Z. 914). Anschließend räumt er ein, dass er gelegentlich fünf Telefonkarten in einer Woche benötige, wehrt sich aber gegen einen weiteren Vorwurf mit dem Argument, dass er dagegen in manchen Monaten maximal zwei brauche (Z. 915-917). Der nächste Satz verdeutlicht, dass er sich der Geldprobleme bewusst ist, aber diese ihn nicht daran hindern können mit seiner Familie zu telefonieren (Z. 917-919). Die Betonung des Verbs „MUSS" (Z. 918) zeigt, wie wichtig ihm der Kontakt ist und dass es ihm ein dringendes Bedürfnis ist diesen aufrechtzuerhalten. Indem er gleich darauf hinzufügt, dass er für sein letztes Guthaben eher eine Telefonkarte statt Trinken kaufe, verstärkt er diesen Eindruck zusätzlich (Z. 919-922). Durch diese Gegenüberstellung stellt er sich außerdem als Mann dar, dem seine Familie mehr bedeutet als sein eigenes Wohl. Dann fasst Frau Diallo die zentrale Aussage ihres Mannes noch einmal zusammen, woraufhin er diese durch Wiederholung hervorhebt (Z. 923-925). Dabei entkräftet er die Vermutung aus der Sequenz „Finanzielle Unterstützung der afrikanischen Familie", dass seine Angehörigen für ihn im Vordergrund stehen, indem er „AUCH" (Z. 925) betont und dadurch auf die Gleichstellung mit seiner Frau und seinem Sohn hinweist. Am Ende untermauert Frau Diallo ihr Verständnis durch die Betonung der Begriffe „NACHvollziehen" (Z. 926) und „verSTEHEN" (Z. 927) erneut, schränkt aber gleich darauf ein, dass die Geldprobleme immer im Mittelpunkt stehen. Das zeigt, dass sie das Verhalten ihres Mannes zwar akzeptiert, aber dieses aufgrund der Finanzen dennoch als Belastung empfindet. Gleichzeitig kennzeichnet sie damit die Geldprobleme eindeutig als Ursache der Konflikte.

4.3.4.6   Zusammenfassung

In dieser Passage sprechen Herr und Frau Diallo über Konfliktbereiche, die innerhalb ihrer Beziehung auftreten. Nach Aussagen des Ehepaares sind gegensätzliche Erwartungen, wie Geld verwendet werden soll, die häufigste Ursache für Konflikte. Besonders bezüglich der finanziellen Unterstützung der afrikanischen Familie sind die Vorstellungen der beiden Ehepartner unterschiedlich. Frau Diallo empfindet es als Belastung, dass ihr Mann sein Geld zurücklegt, um es seiner Familie zu schicken, obwohl sie selbst finanzielle Schwierigkeiten haben. Auch der Kontakt zu seiner Verwandtschaft in Afrika wird von Frau Diallo als Problem angesprochen, da Telefonkarten sehr kostspielig sind. Trotz dieser Konflikte scheint die Beziehung von gegenseitigem Respekt und Toleranz geprägt zu sein. Frau Diallo versteht, wie wichtig der Kontakt zur afrikanischen Familie ist, allerdings belasten die finanziellen Schwierigkeiten die Partnerschaft schwer. Daneben scheinen kulturelle Differenzen innerhalb der Beziehung eine untergeordnete Rolle einzunehmen. Lediglich der Faktor „Zeit" verursacht Unstimmigkeiten zwischen den Ehepartnern, weil Frau Diallo ihre Zeit eher systematisch verplant, wohingegen sich Herr Diallo durch eine zeitliche Flexibilität auszeichnet. Entgegen meinen Erwartungen haben auch religiöse oder sprachliche Differenzen bisher keine Konflikte hervorgerufen. Frau Diallo akzeptiert den islamischen Glauben ihres Mannes und Herr Diallo war schon immer darum bemüht, die deutsche Sprache zu lernen. Außerdem ist auffallend, dass ausschließlich Verhaltensweisen des ausländischen Partners als Konfliktursachen angesprochen werden. Herr Diallo äußert explizit, dass er keine Probleme mit deutschen Eigenschaften habe (vgl. Transkript, Zeile 729-733). Das erweckt den Anschein, dass er sich erfolgreich in Deutschland integriert hat und eine große Sensibilität gegenüber kulturellen Unterschieden aufweist. Allerdings kann seine Aussage auch in Höflichkeit begründet sein, da er in mir und Frau Diallo zwei deutsche Frauen vor sich hat. In dieser Passage werden ebenso unterschiedliche Konfliktverhaltensmuster deutlich. Frau Diallo kann nicht nachvollziehen, dass Herr Diallo seine Probleme lieber selbst regelt, anstatt fremde Hilfe anzunehmen. Während dieser sein Verhalten auf seine Persönlichkeit zurückführt, kann seine Frau nicht einschätzen, ob es typisch männlich oder afrikanisch sein soll. Das zeigt, dass sich die Ehepartner in manchen Situationen durchaus unsicher sind, ob störende Verhaltensweisen der Kultur oder der Persönlichkeit zuzuschreiben sind.

4.3.4.7 Vergleich

Auf meine Frage, ob in ihrer Beziehung jemals Konflikte auftraten, antwortet Frau Enver, dass es manchmal zu heftigen Streitereien kam. Dabei geht sie allerdings nicht auf konkrete Beispiele ein, sondern berichtet folgendermaßen darüber:

> F: „diese äh äh wie soll ich sagen? äh anderes land andere sitten (-) wir sind schon aufeinandergestoßen so aber das ist nicht so ausgeartet dass wir uns geprügelt haben oder oder was weiß ich (-) wir haben schon heftig diskutiert manchmal ge und es hat jeder seine probleme das haben wir auch ob wenn du deutsche nimmst ge das sind genauso (.) jeder hat seine probleme wer keine hat ist für mich nicht normal diskussion gibt's überall und wenn man nicht diskutieren kann sind sie selber dran schuld ge aber ansonsten haben wir da keine probleme gehabt" (Ehepaar Enver, Zeile 269-279)

Frau Benchemsi dagegen nennt in ihrer Erzählung zwei Situationen, die in ihrer Beziehung zu Konflikten führten. Sie erzählt, dass sich ihr Ehemann zwei Jahre weigerte, ihre Familie zu treffen und sie dieses Verhalten als schwierig empfand. Erst wenige Monate vor ihrer Hochzeit fand schließlich ein Kennenlernen statt. Als weitere

Konfliktbereich gibt sie an, dass ihr Mann viel Zeit mit seinen Freunden verbringe und sie ihre Freizeit nicht gemeinsam gestalten.

F: „was ich jetzt merke seitdem wir zusammenwohnen ist dass er halt ziemlich viel unterwegs ist (--) also bei marokkaner ist das halt so die das ist halt so die frau die ist halt zu hause und macht den haushalt aber ich hab den eindruck gehabt die machen das gerne die tun halt sämtliches essen kochen und alles mögliche und die sind halt froh wenn der mann draußen ist unterwegs ist der ist im café u:nd weiß der geier was er macht quatschen und so weiter ne und das macht er halt hier in deutschland auch (-) der ist halt viel bei seinen freunden (-) viel bei seinen freunden und weiß der geier was die den ganzen tag machen ne ((lacht)) und kommt dann halt manchmal ziemlich spät nach hause und na ja das stört mich halt manchmal schon ein bisschen (-) wir haben auch schon tausend mal schon darüber gesprochen aber er kann sich halt diesbezüglich kaum ändern weil er kennt es halt nicht anders es ist halt für ihn selbstverständlich ja ich gehe jetzt raus ich gehe zu meinen freunden und quatschen halt bis irgendwann und dann komme ich halt nach hause und dann bin ich da [I: hm] also das ist so eine eigenschaft was manchmal ein bisschen schwierig ist [...] aber so richtig konflikte (--) also das ist ich sag mal so ein punkt wo schon öfter mal ein bisschen gestritten wurden ist (-) dann halt dass er halt mit zur familie kommt (2.0) ansonsten kommen wir eigentlich ganz gut klar miteinander" (Ehepaar Benchemsi, Zeile 1405-1441)

4.3.5 Viertes Problemfeld: Diskriminierung im sozialen Umfeld

4.3.5.1 Wohnungssuche

```
933  F:  ich hab vielleicht noch was dazuzufügen über ein anderes thema
934      (-) ähm   in   sachen   ostdeutsch   und   westdeutsch   und
935      ausländerfeindlich (-) wir waren in n-stadt und wollten uns
936      dort  eine  wohnung  suchen  weil  mein  mann  auch  dort  arbeit
937      gefunden hatte 2007 (2.0) dort haben wir auch versucht eine
938      wohnung zu finden (-) das hab ich dann überwiegend gemacht weil
939      mein mann da auf arbeit war u:nd ähm als sie den NAMEN also
940      unseren namen j. gehört haben ging es dann also das ging mir
941      nicht nur einmal so sondern wirklich ÖFTER dass dann gesagt
942      wurde aha j. sind sie ausländer? ich sage nein aber mein mann
943      (-) WAS für ein ausländer? afrikaner (-) hm ja nein okay dann
944      ist das nichts mit der wohnung
945  M:  ja das
946  F:  also ich will nur sagen dass es nicht das ist mir jetzt gerade
947      noch eingefallen dass es nicht nur an ostdeutschen liegt oder
948      so sondern das gibt es SEHR WOHL auch in westdeutschen län'
949      städten      also und deswegen ist mir n-stadt eine sehr
950  M:  [also]
951  F:  unsympathische stadt geworden das wollte ich nur noch so
952      dazwischenfügen
```

Frau Diallo führt als Beleg für die Ausländerfeindlichkeit in Westdeutschland ihre erfolglose Wohnungssuche in N-Stadt an. Sie erklärt, dass Herr Diallo dort im Jahre

2007 eine Arbeitsstelle gefunden hatte und sie daher versuchten eine Wohnung zu mieten (Z. 933-938). Darum habe sie sich gekümmert, weil ihr Mann arbeiten war (Z. 938-939). Anschließend gibt sie in direkter Rede wieder, wie sich die Vermieter bei der Angabe ihres Familiennamens sofort darüber erkundigt haben, ob sie Ausländer seien und aus welchem Land sie kommen (Z. 939-943). Als sie ihnen erzählte, dass Herr Diallo aus Afrika stamme, haben sie das Wohnungsangebot unverzüglich zurückgezogen und ihnen eine Ablehnung erteilt (Z. 943-944). Sie kommt zu dem Schluss, dass nicht nur die Ostdeutschen, sondern auch die Westdeutschen ausländerfeindlich seien und bewertet N-Stadt aufgrund dieser Erfahrung als unsympathische Stadt (Z. 946-952).

Die folgende Erzählung erfolg spontan und wird nicht durch eine diesbezügliche Frage von mir initiiert. Das zeigt, wie wichtig es Frau Diallo ist dieses Thema anzusprechen. Sie leitet die Sequenz mit einer Ankündigungsphrase ein (Z. 933) und verdeutlicht ihren Bezugspunkt durch die Adjektive „ostdeutsch" (Z. 934), „westdeutsch" (Z. 934) und „ausländerfeindlich" (Z. 935). Am Anfang weist Frau Diallo eine ruhige Sprechweise auf und erklärt erst die Begleitumstände, warum sie in N-Stadt auf der Suche nach einer Wohnung waren (Z. 935-939). Nach dieser räumlichen und zeitlichen Situierung geht sie ausführlicher auf die Wohnungssuche ein und re-inszeniert diese durch Intonationen, szenisches Präsens und eine Dialogwiedergabe. Zunächst macht sie deutlich, dass die anschließend beschriebene Situation mehrmals auftrat und keine Ausnahmeerscheinung war (Z. 939-941). Diese Feststellung untermauert sie durch das Adverb „wirklich" und die Betonung von „ÖFTER" (Z. 941). Daraufhin gibt sie ein Gespräch wieder, welches sie sinngemäß mit mehreren Vermietern geführt hat und markiert damit den Höhepunkt der Erzählung. Frau Diallo beginnt ihre Darstellung mit der Frage der Vermieter, ob sie Ausländer seien, die sie sofort nach der Angabe ihres Familiennamens gestellt haben (Z. 942). Dadurch unterstellt sie ihnen, dass dies für sie eine große Rolle spielte und ihr ablehnendes Verhalten auf Ausländerfeindlichkeit zurückzuführen war. Sofort im Anschluss an ihre Antwort haben sie sich nach der Nationalität ihres Mannes erkundigt, wobei sie das Fragewort „WAS" deutlich betont (Z. 943). Das lässt erkennen, dass die Vermieter auf diese Information besonderen Wert legten und Herr Diallo einzig und allein aufgrund seiner Herkunft abgewiesen wurde (Z. 943-944). Damit verstärkt sie deren ausländerfeindliche Einstellung zusätzlich. Frau Diallo zieht aus dieser diskriminierenden Erfahrung

die Schlussfolgerung, dass Rassismus nicht nur in Ostdeutschland vorkommt, sondern auch in Westdeutschland verbreitet ist (Z. 946-949). Sie unterstreicht ihre Aussage durch die Betonung von „SEHR WOHL" (Z. 948) und beendet die Sequenz, indem sie N-Stadt abschließend als unsympathisch bewertet (Z. 949-952).

Herr Diallo erklärt die ablehnenden Reaktionen damit, dass viele Ausländer aufgrund
finanzieller Schwierigkeiten ihre Miete nicht bezahlen. Gleich darauf schränkt er allerdings ein, dass Probleme auch mit deutschen Mietern auftreten können und führt
als Beleg seine ehemaligen Nachbarn an, die in ihrer Wohnung einen Schaden von
5000 Euro angerichtet haben. Im Anschluss daran kommt Frau Diallo noch einmal
auf ihren jetzigen Wohnort zu sprechen und betont, dass sie dort weniger mit Ausländerfeindlichkeit konfrontiert werden als in Thüringen. Ihrer Erfahrung nach werden
Menschen nicht nach ihrer Hautfarbe unterschieden und freundlich behandelt.

4.3.5.2 Alltagserfahrungen

```
991   M:  ist mir NUR EINMAL hier passiert ich wa:r (-) bei aok wollte
992       ich   meine   krankenversicherung   ummelden   auf   aok   baden
993       württemberg (-) hat die mir gesagt ich sollte mal meine nummer
994       von die arbeitsamt oder sozialamt wo ich bin (-) ich hab zu dem
995       gesagt ey ich will nur mein verSICHERUNG ummelden ich zahle
996       meine versicherung SELBER (-) weil (-) sie sagte (.) sie wurden
997       doch von die arbeitsamt bezahlt ich sage nein (-) ich gehe
998       selber arbeiten für meine versicherung (--) ist mir das einmal
999       passiert (-) aber na ja
1000  F:  ja aber in k-stadt wurdest du schon beim BÄCKER komisch
1001      angeguckt (-) was? [da hast] du gesagt du wolltest
1002  M:                    [ja ich]
1003  F:  körnerbrötchen haben <<mit hoher Stimmer> bitte was? was?
1004      [körnerbrötchen (-) was?>]
1005  M:  [ich sollte mit meine] finger zeigen ich diese haben wollen
1006  F:  ja so (-) [also]
1007  M:           [ich] war auch in k-stadt arcaden ich wollte für
1008      meine        frau eine blumen kaufen für wEIhnachten (3.0)
1009  F:  [ach ja]
1010  M:  <<len> und das blumenstrauß sah schön aus> (-) der hatte äh 25
1011      euro sollte der KOSTEN (2.0) un=da (--) ja (-) aber ist ein
1012      anderer mann da reingekommen (---) und auch (---) der hatte
1013      auch nach deutsch nach deutsch angeschaut und der sagt auch der
1014      wollte die blumen bloß dass ich den schon genommen hab (-) hab
1015      ich <<all> an die kasse abgegeben haben die mir gesagt nee> wir
1016      geben ihm (-) ich hab gesagt OKAY (.) der kann das haben (.)
1017      trotzdem dass ich den schon an die HAND gehabt hab und an die
1018      KASSE abgegeben hab (-) hab ich mir eine andere ausgesucht um
1019      streit zu verhindern (2.0) ja
```

```
1020  F:  ja das sind halt so anekdoten die man da erzählen kann aus dem
1021      alltäglichen leben (---) die einfach hier wo wir jetzt wohnen
1022      nicht so gehäuft auftreten (2.0) so negative erfahrungen (---)
1023      genau
1024  M:  also (--) bitteschön
1025  I:  nein erzähl nur
1026  M:  na ich wollte nur sagen ich tue mich SO GUT anstrengen dass ich
1027      nicht jemand zum stören komme (3.0) das ist genauso wie ich
1028      will nicht dass jemand mich so:: so stört irgendwie was mir
1029      stört sag ich bescheid wenn ich weiß ja derjenige ist (-) kann
1030      man mit dem zurecht kommen okay wenn nicht (-) jeder geht sein
1031      weg und gut ist
```

Nachdem Frau Diallo darüber berichtet hat, dass sie in Thüringen mehr Erfahrungen mit Ausländerfeindlichkeit gemacht haben als in Westdeutschland, leitet Herr Diallo diese Sequenz ein. Zunächst beginnt er von einem Erlebnis zu erzählen, was sich bei der Ummeldung seiner Krankenversicherung auf AOK Baden-Württemberg zugetragen hat (Z. 991-993). Er gibt ein Gespräch mit einer Mitarbeiterin wieder, die sich sofort nach seiner Kundennummer bei der Agentur für Arbeit erkundigt habe, obwohl er eine feste Arbeitsstelle besitze und daher für seine Krankenversicherung selbst aufkomme (Z. 993-998). Gleich darauf sagt er, dass es sich dabei um ein einmaliges Erlebnis handelt (Z. 998-999). Anschließend übernimmt seine Frau das Rederecht und betont, dass er in K-Stadt (TH) bereits beim Bäcker sonderbar behandelt wurde (Z. 1000-1001). Schließlich spielt sie nach, wie ihr Mann ein Körnerbrötchen bestellt und die Verkäuferin ihn nicht versteht (Z. 1001-1004). Herr Diallo führt als weiteren Beleg für die Ausländerfeindlichkeit in K-Stadt das Verhalten der Floristen in einem Blumengeschäft an. Er erzählt, wie sie einen Blumenstrauß an einen deutschen Kunden verkauften, obwohl Herr Diallo diesen bereits an der Kasse abgegeben habe, um ihn zu bezahlen. (Z. 1007-1016). Dann sagt er, dass er diesbezüglich nachgegeben und einen anderen Blumenstrauß gewählt habe, um Streit zu verhindern (Z. 1016-1019). Seine Frau fügt hinzu, dass solch negative Erfahrungen gegenwärtig seltener auftreten (Z. 1020-1023). Herr Diallo beendet die Sequenz mit der Feststellung, dass er sich anstrenge, niemanden zu stören und das im Gegenzug auch von seinen Mitmenschen erwarte (Z. 1026-1031).

Mit der Betonung von „NUR EINMAL" im ersten Satz verdeutlicht Herr Diallo, dass sich das folgende Erlebnis nicht wiederholt zugetragen hat und verringert dadurch seine Bedeutung als Problem (Z. 991). Dass er es dennoch als erzählwürdig erachtet, lässt aber vermuten, dass es ihn damals sehr verärgert hat. Er stellt das Geschehen bei

der AOK durch Dialogwiedergabe sehr anschaulich dar. Das Verhalten der Mitarbeiterin zeigt ihre Voreingenommenheit gegenüber Ausländern. Sie geht sofort davon
aus, dass Herr Diallo Leistungen von der Agentur für Arbeit bezieht und für seine
Krankenversicherung nicht selbst aufkommt (Z. 993-994). Durch die Betonung von
„verSICHERUNG" (Z. 995) und „SELBER" (Z. 996) bringt er anschließend seine
Empörung darüber zum Ausdruck und untermauert, dass ihre Reaktion nicht gerecht-
fertigt war. Mit der nächsten Aussage spitzt er die Problematik zu, da die Mitarbeiterin ihm keinen Glauben schenkt und es scheinbar als abwegig betrachtet, dass er die
Beiträge der Krankenkasse selbst bezahlt (Z. 996-997). Dann unterstreicht er die
Einmaligkeit des Erlebnisses durch Wiederholung und signalisiert mit „aber na ja"
(Z. 999), dass er es heutzutage als abgeklärt und unbedeutend beurteilt. Daraufhin
übernimmt Frau Diallo das Rederecht und stellt der vorangegangenen Erzählung ein
Beispiel aus K-Stadt gegenüber, womit sie den Unterschied zwischen ihrem früheren
und jetzigen Wohnort in Bezug auf Diskriminierungen hervorhebt. Die Verwendung
des Adverbs „schon" (Z. 1000) und die Betonung von „BÄCKER" (Z. 1000) lassen
die beschriebene Situation noch gravierender erscheinen und zeigen, dass Herr Diallo
in K-Stadt bereits bei alltäglichen Beschäftigungen mit Ausländerfeindlichkeit konfrontiert wurde. Außerdem vertieft sie damit erneut den Aspekt, dass sich der Alltag
ihres Mannes in Baden-Württemberg einfacher gestaltet als in Thüringen, was sie zuvor im Interview thematisiert hat (vgl. Transkript Z. 558-571). Anschließend gibt sie
einen Dialog wieder, bei dem ihr Mann ein Brötchen verlangt und die Verkäuferin
ihn aufgrund seiner Sprechweise nicht versteht (Z. 1001-1004). Frau Diallo lässt sie
in ihrer Darstellung das Fragewort „was" dreimal wiederholen (Z. 1003-1004) und
weist ihr dabei eine genervte Stimme zu. Es wirkt, also ob sie nur vorgibt ihn nicht zu
verstehen und ihm die Bestellung absichtlich erschweren will. An dieser Stelle unterbricht Herr Diallo seine Frau. Bei seiner Aussage fällt auf, dass er die Worte „ich
diese haben wollen" abgehackt ausspricht (Z. 1005). Auf diese Weise macht er den
Unterschied zu seiner normalen Sprechweise deutlich und ironisiert die Reaktion der
Verkäuferin, da er mit seinen Deutschkenntnissen ohne Zweifel in der Lage war ein
Körnerbrötchen zu bestellen. Um seine negativen Erfahrungen in Thüringen weiter zu
veranschaulichen, beginnt er von einer Begebenheit zu erzählen, die sich in einem
Blumengeschäft zugetragen hat. Das Problem bestand darin, dass die Floristen den
von ihm ausgewählten Blumenstrauß an einen anderen Mann verkauft haben, obwohl

er diesen bereits an der Kasse abgegeben hatte und bezahlen wollte. Herr Diallo muss jedoch erst überlegen, wie er die Situation genau erklärt, worauf die vielen Pausen und die langsame Sprechweise am Anfang schließen lassen (Z. 1007-1010). Er gibt an, dass der andere Mann deutscher Herkunft war und markiert die Bedeutsamkeit dieser Eigenschaft durch die Wiederholung von „nach deutsch" (Z. 1013). Mit dieser Aussage bekräftigt er den Eindruck, dass die Reaktion der Floristen auf Ausländerfeindlichkeit beruhte und sie ihn daher benachteiligten. Deren diskriminicrendem Verhalten stellt er seine Nachgiebigkeit gegenüber, da er seinen favorisierten Blumenstrauß sofort dem anderen Mann überlassen und sich im Gegenzug einen anderen ausgesucht habe (Z. 1016-1019). Dabei betont er die zentralen Begriffe „HAND" (Z. 1017) sowie „KASSE" (Z. 1018). Außerdem stellt er sich selbst als Mann dar, der in solch kritischen Situationen die Ruhe bewahrt und darauf bedacht ist Konflikte zu vermeiden, indem er Zugeständnisse macht und seine eigenen Bedürfnisse zurückstellt. Danach beendet Frau Diallo die Erzählung mit einer Schlussformulierung und fasst noch einmal zusammen, dass derartige Erlebnisse an ihrem jetzigen Wohnort seltener auftreten (Z. 1020-1023). Im Anschluss daran verlässt Herr Diallo die Perspektive seines erzählten Ichs und gibt seine momentane Sichtweise wieder. Die Betonung von „SO GUT" (Z. 1026) zeigt, wie sehr er sich darum bemüht ein geregeltes Leben in Deutschland zu führen. Er lässt diese Aussage in einer kurzen Pause wirken und bringt mit „nicht [...] so:: so stört" abschließend zum Ausdruck, was er von seinen Mitmenschen erwartet (Z. 1028). Dadurch untermauert Herr Diallo noch einmal die Intoleranz mancher Bürger, die ihn schlecht behandeln, obwohl er ihnen keinen Grund liefert.

4.3.5.3 Zusammenfassung

In dieser Passage berichten Herr und Frau Diallo über negative Erfahrungen, die sie im sozialen Umfeld gemacht haben. Dabei war insbesondere Herr Diallo vielen Diskriminierungen seitens fremder Personen ausgesetzt. Menschen begegneten ihm mit einer unspezifischen Voreingenommenheit und verhielten sich abweisend. Vor allem Probleme mit praktischen Angelegenheiten, wie z.B. dem Einkauf, erschwerten ihm den Alltag in Deutschland. Er beschreibt, wie er von Verkäufern respektlos behandelt und seine sprachliche Kompetenz zu Unrecht angezweifelt wurde. Demgegenüber stellt sich Herr Diallo als rücksichtsvollen Mann dar, der ein geregeltes Leben führen möchte, so dass er sich von seinen intoleranten Mitmenschen abhebt. Weiterhin hatte das Ehepaar große Schwierigkeiten bei der Wohnungssuche, da viele Vermieter ablehnten, als sie erfahren haben, dass Frau Diallo mit einem afrikanischen Mann verheiratet ist.

4.3.5.4 Vergleich

In der Befragung mit dem Ehepaar Enver wurde diese Thematik nicht angesprochen. Frau Benchemsi dagegen berichtet, dass ihr Mann, wie Herr Diallo, schon öfter von der Polizei kontrolliert wurde und ihm auf der Straße manchmal komische Blicke zugeworfen werden.

> F: „also wenn er mal auf diversen flughäfen oder auf bahnhöfen war da wurde er auch schon mal von der polizei halt hier angehalten und halt gefragt so [I: hm] was machst du hier? und wieso bist du da? […] und sonst so (-) er sagt immer zu mir dass er auch immer halt ein bisschen hat das gefühl dass er halt ein bisschen komisch angeguckt wird immer ne wenn er mit der straßenbahn fährt oder auf der straße langläuft da sagt er immer die gucken mich so an und aber ob das jetzt großartig negative blicke sind (-) die werden genauso wie die in marokko gucken halt (-) der sieht halt anders aus ne [I: hm] ansonsten so so richtig konkret angegriffen wurde er nicht" (Ehepaar Benchemsi, Zeile 1340-1357)

4.4   Analyseergebnisse

Die in der Einleitung gestellten Untersuchungsfragen konnten ausgehend von den Aussagen des Ehepaares beantwortet werden.

Zuerst sollte in Erfahrung gebracht werden, welchen Problemen Herr und Frau Diallo im Verlauf ihrer Ehe ausgesetzt waren. Das Gespräch hat deutlich gemacht, dass Schwierigkeiten, mit denen sich beide bislang auseinandersetzen mussten, häufig von außen an sie herangetragen wurden. Herr Diallo ist als unbegleiteter minderjähriger Flüchtling nach Deutschland gekommen und besaß keine Aufenthaltsgenehmigung, als sich das Ehepaar kennen lernte. Deswegen standen beide unter dem Zugzwang des Aufenthaltsrechtes, was die Entscheidung zu heiraten entscheidend beeinflusst hat. Beide haben zum Ausdruck gebracht, dass sie sich zwar geliebt haben, aber sich lediglich aufgrund des Druckes der Gesetze trauen ließen. Die Phase des gegenseitigen Kennenlernens wurde somit drastisch verkürzt. Ihre Hoffnung durch die Hochzeit die Existenzbedrohung abzuwenden und ein geregeltes Familienleben führen zu können, wurde jedoch vorerst nicht erfüllt. Vor allem das unkooperative Verhalten der deutschen Behörden, durch das Errichten von Barrieren, um ihre Eheschließung zu erschweren, bereitete dem Ehepaar deutliche Probleme. Bis zur standesamtlichen Trauung vergingen insgesamt zwei Jahre, weil zahlreiche Dokumente besorgt und dazu erhebliche Geldmengen bezahlt werden mussten. Weiterhin hat die Unduldsamkeit der Standesbeamtin maßgeblich zu dieser Verzögerung beigetragen. Sie war davon überzeugt, dass Herr Diallo lediglich eine Scheinehe eingehen wollte, um einen gültigen Aufenthaltstitel in der Bundesrepublik zu erhalten. Ausgehend von diesem falschen Verdacht, versuchte sie, die geplante Hochzeit zu verhindern. Einerseits hat sie ihn bei der zuständigen Ausländerbehörde denunziert, wenn er seinen Geltungsbereich der räumlichen Beschränkung ohne Genehmigung verlassen hat. Andererseits hat sie für die Hochzeit mehrere Papiere verlangt, die Herr und Frau Diallo nicht gebraucht haben, wie beispielsweise die Todesurkunde vom Vater des Ehemannes. Die permanente Angst vor der Abschiebung bedrückte das Ehepaar zusätzlich. Diese Schikanen haben beide allerdings nicht ohne weiteres geduldet. Sie haben sich dazu entschlossen, das Standesamt zu wechseln und wurden von den dortigen Mitarbeitern letzten Endes unterstützt. Außerdem haben sie versucht, sich gegen diese Diskriminierungen zu wehren, indem sie Unterschriften gesammelt haben, um die Behörden zu irritieren, Parteien auf ihre Situation aufmerksam machten und mit einem Fernsehauftritt an die Öffentlichkeit gegangen sind. Trotz aller Barrieren haben beide nie den Mut verloren und jede Möglichkeit genutzt, um ihre Hochzeit zu realisieren. Des Weiteren hat dem Ehepaar die fehlende gesellschaftliche Anerkennung zu schaffen gemacht. Vor allem Herr Diallo wurde wegen der geringen Wertschätzung seiner Kultur und Sprache bei praktischen Angelegenheiten, wie z.B. Einkauf oder Wohnungssuche oftmals benachteiligt. Dabei differenzieren beide deutlich zwischen ichrem früheren und aktuellen Wohnort. Während Herr Diallo in Thüringen immer wieder von der Polizei kontrolliert und von seinen Mitmenschen ablehnend behandelt wurde, führt er heute ein geregeltes Leben und wird nicht mehr durch seine Hautfarbe definiert. Somit stellen diese Bereiche, die Behörden und das soziale Umfeld, gegenwärtig keine Probleme dar, belasteten die Ehepartner in der Vergangenheit aber schwer.

Meine zweite Frage bezog sich auf die Reaktionen der Herkunftsfamilien. Frau Diallo hat vor allem von ihrem Vater eine ablehnende Haltung erwartet, weswegen sie
ihm erst nach drei Monaten von ihrer Beziehung zu einem Afrikaner berichtete. Ihre
Befürchtung hat sich jedoch nicht bewahrheitet und Herr Diallo wurde von ihren Eltern positiv aufgenommen und sofort ins Herz geschlossen. Auch gegenüber den
Hochzeitsplänen ihrer Tochter haben sie keine Vorbehalte geäußert, im Gegenteil, ihre Mutter hat sich sogar für das Ehepaar eingesetzt und ist mit einem Fernsehauftritt
gegen die deutschen Behörden vorgegangen. Zwischen ihrem Ehemann und seinem
Schwiegervater hat sich mittlerweile eine enge Freundschaft entwickelt. Die afrikanischen Verwandten haben die Partnerwahl in gleicher Weise toleriert und auf die Beziehung mit Freude reagiert. Sie wollen Frau Diallo kennen lernen, was wegen der
hohen Reisekosten bislang nicht verwirklicht werden konnte. Selbst Telefonate mit
ihr gestalten sich aufgrund der sprachlichen Differenzen schwierig. Demnach haben
beide Familien eine bestärkende Position eingenommen und die Ehepartner im Verlauf ihrer Beziehung nicht mit Vorbehalten konfrontiert.

Des Weiteren war von Interesse, ob es innerhalb der Beziehung jemals zu Konflikten
aufgrund kultureller Unterschiede kam. Entgegen meinen Erwartungen sind nach
Aussagen des Ehepaares finanzielle Schwierigkeiten die häufigste Ursache für Streitereien. Frau Diallo kann zwar verstehen, dass ihr Mann seine Familie in Afrika unterstützt, dennoch empfindet sie dieses Verhalten als Belastung, da ihnen selbst nur
wenig Geldmittel zur Verfügung stehen. In diesem Zusammenhang rufen zudem die
regelmäßigen Telefonate mit den afrikanischen Verwandten immer wieder Konflikte
hervor, weil Telefonkarten für das Ausland äußerst kostenintensiv sind. Obwohl Frau
Diallo die Situation ihres Mannes nachvollziehen kann, stehen die Finanzprobleme
immer im Mittelpunkt und belasten die Beziehung stark. Für die Intention ihres Partners, in Afrika ein Haus zu bauen, kann sie dagegen kein Verständnis aufbringen.
Zwar hat sie sich zu Beginn ihrer Beziehung ein Leben in dessen Heimat vorstellen
können, inzwischen hat sich ihr Standpunkt im Hinblick darauf jedoch geändert, da
sie ihrem Sohn eine gute Zukunft bieten möchte. Daher kommt es für sie nicht
in Frage dort zu leben. Weil ihr Mann die Rückkehr zu seiner Familie durchaus
in Betracht zieht, handelt es sich bei der Entscheidung über den gemeinsamen
Aufenthaltsort auch um einen Konfliktpunkt, den Herr und Frau Diallo aber nicht
explizit zur Sprache bringen. Bei der genauen Analyse konnte außerdem festgestellt

werden, dass diesen Unstimmigkeiten auch unterschiedliche Werthaltungen zugrunde liegen, die durch die Sozialisation in den jeweiligen Kulturen entstanden sind, wie zum Beispiel die unterschiedliche Bewertung von Herkunfts- und Fortpflanzungsfamilie. Von dem Ehepaar dagegen werden kulturelle Differenzen als Begründung für Konflikte kaum genannt. Auffallend ist, dass auch in Bezug auf die Aspekte Sprache, Religion und Kindererziehung bisher keine Probleme aufgetreten sind, wie ich erst erwartet habe. Lediglich aufgrund unterschiedlicher Essgewohnheiten und Zeitverständnisse kommt es manchmal zu Streitereien, die von den Ehepartnern allerdings als „lustig" (Transkript, Z. 703) bezeichnet und damit verharmlost werden. Bemerkenswert ist, dass beide sehr respektvoll miteinander umgehen und größtenteils Verständnis für den jeweils anderen aufbringen. Die Konflikte monetärer Natur dagegen treten nach Aussagen von Frau Diallo in letzter Zeit häufiger auf und stellen damit eindeutig das Hauptproblem innerhalb der Beziehung dar.

Der zweite Teil der Frage bezieht sich darauf, wie Herr und Frau Diallo mit diesen Konflikten umgehen. Beide gehen sich zuerst aus dem Weg, bis die Wut innerlich nicht mehr zu ertragen ist und sprechen die Schwierigkeiten erst dann offen an. Dass sich Herr Diallo auch bei persönlichen Problemen zurückzieht und schweigsam ist, kann seine Frau dagegen nur schwer verstehen. Ihr Mann regelt seine Angelegenheiten lieber selbst, ohne fremde Hilfe in Anspruch zu nehmen oder darüber zu sprechen. Während Herr Diallo dieses Verhalten auf seinen Charakter zurückführt, kann seine Frau nicht beurteilen, ob es typisch männlich oder typisch afrikanisch sein soll. Das Ehepaar kann also manche Situationen nicht richtig einschätzen und ist sich durchaus unsicher, ob gegensätzliche Verhaltensweisen der unterschiedlichen Kultur, dem Geschlecht oder dem Charakter zuzuschreiben sind.

4.5   Kritik an der Durchführung einer Paarbefragung

Wie bereits im Kapitel 3.1 erklärt, wird der Informant in einem narrativen Interview gebeten, alle relevanten Ereignisse zu einem Thema in einer zusammenhängenden Geschichte von Anfang bis Ende zu erzählen. Dazu stellt der Interviewer eine allgemein gehaltene Einstiegsfrage. Dieses Konzept konnte bei der von mir durchgeführten Paarbefragung allerdings nicht vollständig umgesetzt werden, weil die Ehepartner oft abwechselnd berichteten, sich gegenseitig unterbrachen oder die Erzähllinhalte der

einen Person durch die vorangegangene Erzählung der anderen beeinflusst wurden.
Einerseits hat sich dies auf die detaillierte Darstellung der gemeinsamen Vergangenheit positiv ausgewirkt, da sich die Befragten gegenseitig ergänzen und korrigieren
konnten.

> M: also so war das ähm in sierra leone ist man mit 21 jahre volljährig (-) in deutschland 18
> und ich war aber 18 in deutschland und in sierra leone wenn du heiraten willst mit äh
> alleine ohne die eltern muss man 21 sein und dafür weil ich keine kontakt zu meine eltern
> hatte ich musste zum jugendamt in k-stadt hingehen da die genehmigung von den holen
> dass die auch äh bewilligungspapiere... F: einverständnis... M: einverständnispapiere gibst
> (-) ja haben sie mir das gemacht und äh... F: das haben sie gemacht? das haben sie nicht
> gemacht (-) das hat die frau vom jugendamt die frau z. NICHT gemacht... M: ja haben sie
> uns in: gericht geschickt und die gericht jugendgericht ha- ha- hatten sie das aufgenommen
> alles haben sie uns wielange haben? einen monat? F: also die frau vom jugendamt hat eben
> diese genehmigung zur heirat NICHT erteilt und wir sind dann aber vor das familiengericht
> gezogen weil wir gesagt haben das kann so nicht sein... M: ja richtig richtig (Transkript,
> Z. 276-295)

Andererseits ist die Methode der Paarbefragung besonders bezüglich der im Interview angesprochenen „Konflikte" nachteilig zu beurteilen. An dieser Stelle wäre eine
Einzelbefragung geeigneter gewesen, weil vor allem Herr Diallo sehr zurückhaltend
war und in Abwesenheit seiner Frau eventuell offener über seine Erfahrungen gesprochen hätte.

> I: und habt ihr schon mal darüber nachgedacht vielleicht in der zukunft auch mal in afrika
> zu leben? M: also davon sagt mein frau die antwort (3.0) ich auf jeden fall (Transkript,
> Z. 617-619)

Ein weiteres Problem bestand darin, dass Herr Diallo trotz vorher besprochener Zusicherung von Datenschutz und Anonymisierung sehr unsicher war. Dies äußerte sich
darin, dass er mich bat Aussagen seiner Frau zu löschen oder sich weigerte über bestimmte Erlebnisse zu berichten. Um diese Reaktionen zu vermeiden, hätte ich Herrn
Diallo die Anonymisierungsregeln nochmals genauer erklären müssen.

5 Schlussbetrachtung

In der vorliegenden Studie habe ich die spezifischen Problembereiche untersucht, die in einer bikulturellen Partnerschaft auftreten können. In allen Liebesbeziehungen müssen sich die Partner miteinander beschäftigen, weil immer zwei unterschiedliche Persönlichkeiten mit ihren Erwartungen, Bedürfnissen, Anschauungen, Lebensidealen etc. aufeinandertreffen. Dennoch können bikulturelle Beziehungen als besonders problematisch erlebt werden.

Um den Unterschied zwischen bikulturellen und deutsch-deutschen Partnerschaften aus der Sicht von Frau Diallo zu verdeutlichen, werde ich an dieser Stelle auf die letzte Sequenz eingehen.

```
Unterschiede zwischen deutsch-deutschen und bikulturellen
Partnerschaften
```

```
1032   I:   und welche sind aus eurer erfahrung die größten unterschiede
1033        zwischen einer binationalen ehe oder einer binationalen
1034        beziehung zu einer nicht gemischten beziehung oder gibt's da
1035        eurer meinung nach überhaupt unterschiede?
1036   F:   also ich denke mal äh STREITpunkte und gemeinsame punkte gibt
1037        es in JEDER beziehung nur in den binationalen ehen kommen
1038        wirklich die kulturellen unterschiede an manchen stellen noch
1039        vor (--) und man merkt aber auch dass von wie gesagt viel von
1040        außen und das beeinflusst eine beziehung oder eine binationale
1041        ehe auch (-) ich denke dass eine binationale ehe noch EHER die
1042        menschen also die menschen in der beziehung ZUSAMMENschweißt
1043        durch die ganzen probleme die es AUßERHALB gibt als das sie die
1044        (--) äh zerstört (-) zerSTÖRT wird sie EHER durch die beiden
1045        menschen INNERHALB also innerhalb der beziehung (-) eben durch
1046        diese konflikte die da auftreten können
```

Auf meine letzte Frage, welche Unterschiede zwischen einer nicht gemischten und einer bikulturellen Partnerschaft bestehen, antwortet Frau Diallo zögerlich, dass Konflikte immer auftreten (Z. 1032-1038). Diese Gemeinsamkeit untermauert sie durch die betonten Begriffe „STREITpunkte" (Z. 1036) und „JEDER" (Z. 1037) und unterstreicht damit gleichzeitig die Allgemeingültigkeit ihrer Aussage. Anschließend nimmt sie Bezug auf die Unterschiede. Sie meint, dass sich bikulturelle Ehepaare zusätzlich mit kulturellen Differenzen sowie äußeren Einflüssen auseinandersetzen müssen, wobei sie durch den Druck von außen vor allem gestärkt werden (Z. 1038-

1045). Zerstört werden solche Beziehungen insbesondere durch die Konflikte, die zwischen den Partnern ausgetragen werden (Z. 1045-1047). Mit der Betonung der zentralen Ausdrücke „ZUSAMMENschweißt" (Z. 1042), „AUßERHALB" (Z. 1043) sowie „zerSTÖRT" (Z. 1044), „INNERHALB" (Z. 1045) verdeutlicht Frau Diallo die gegensätzlichen Wirkungen und zeigt, woran eine bikulturelle Partnerschaft ihrer Meinung nach scheitert. Außerdem markiert sie dadurch ihre Aussage als Kernaussage des gesamten Interviews.

Die durch die Befragung ermittelten Problembereiche sollen jedoch nicht den Eindruck erwecken, dass Herr und Frau Diallo eine sehr belastete Ehe führen. Seit ihrem Umzug von Thüringen nach Baden-Württemberg haben sie nur noch selten Diskriminierungen erfahren und leben nun ein geregeltes Familienleben mit Arbeit und eigener Wohnung, wie sie es von Anfang an wollten.

Es ist mir auch wichtig zu betonen, dass diese Einzelfallanalyse des Ehepaares Diallo lediglich einen Einblick in das Leben dieser spezifischen Partnerschaft geben kann und keine Verallgemeinerungen über bikulturelle Ehen zulässt. Allerdings konnten bestimmte Probleme aufgedeckt und in ihren Zusammenhängen dargestellt werden und bieten damit einen Ausgangspunkt für weitere Forschungsarbeiten. Führt man diese Einzelfallstudie im Sinne einer fallübergreifenden vergleichenden Analyse weiter, so kann man sicher einige Parallelen in bikulturellen Ehen entdecken, die schließlich zu grundsätzlicheren Einsichten führen könnten. Der in dieser Arbeit eingeschränkte Vergleich mit den anderen Befragten macht z.B. deutlich, dass das Auftreten von Problemen von mehreren Faktoren abhängig ist. Unter anderem spielen die beteiligten Kulturen, das Umfeld, die Kenntnisse über die fremde als auch die eigene Kultur und natürlich die Persönlichkeiten der Menschen eine herausragende Rolle. Deswegen müssten in Zukunft weitere Untersuchungen erfolgen, in denen diese Faktoren berücksichtigt und die angesprochenen Themen weiter vertieft werden. Um die Bedeutung kultureller Unterschiede ausführlicher zu untersuchen, könnten zusätzlich geschiedene bikulturelle Ehepaare in solche Studien mit einbezogen werden. Außerdem wäre es sinnvoll zur Kontrolle deutsch-deutsche Ehepaare zu befragen, um herauszufinden, inwieweit bestimmte Probleme durch kulturelle Unterschiede hervorgerufen werden oder nicht eventuell eher mit anderen Merkmalen, wie Geschlecht, Einkommen, Verdienst oder dem Alter in Zusammenhang stehen. Eine weitere Möglichkeit bereits gewonnene Aussagen zu überprüfen und zu optimieren, bilden Wiederholungsstudien, wobei dieselben Ehepaare über einen längeren Zeitraum hinweg mehrfach interviewt werden. Diese könnten Aufschluss darüber geben, ob spezifische Probleme in einer bestimmten Ehephase auftreten und wie sich diese im Verlauf der Beziehung entwickeln.

Literaturverzeichnis

Akpuma-Humeau, Maria; Baierl, Susanne (1996): Junglefever – Was passieren kann, wenn Österreicherinnen Afrikaner treffen. In: Pusitz, Heinz; Reif, Elisabeth (Hrsg.): Interkulturelle Partnerschaften: Begegnungen der Lebensformen und Geschlechter. Frankfurt am Main: IKO - Verlag für Interkulturelle Kommunikation.

Bacherl, Clemens; Heun, Hans-Dieter; Kallert, Heide (1992): Jugendliche Flüchtlinge in Heimen der Jugendhilfe: Situation und Zukunftsperspektiven. Freiburg im Breisgau: Lambertus-Verlag.

Birkelbach, Sabine (1997): Binationale Paare und ihre spezifischen Probleme und Chancen. Magisterarbeit in der Philosophischen Fakultät I/II (Philosophie, Geschichte und Sozialwissenschaften) der Friedrich-Alexander-Universität Erlangen-Nürnberg.

Bundesamt für Migration und Flüchtlinge (2008): Migrationsbericht 2008. Online: http://www.bamf.de/cln_092/nn_442016/SharedDocs/Anlagen/DE/Migration/Publikationen/Forschung/Migrationsberichte/migrationsbericht-2008,templateId=raw,property=publicationFile.pdf/migrationsbericht-2008.pdf (Zugriff 26.03.2010).

Bundesfachverband Unbegleitete Minderjährige Flüchtlinge e.V. (2010): Abschiebehaft. Online: http://www.b-umf.de/index.php?/Themen/abschiebehaft.html (Zugriff 01.04.2010).

Bundesfachverband Unbegleitete Minderjährige Flüchtlinge e.V. (2010): Bildung. Online: http://www.b-umf.de/index.php?/Themen/bildung.html (Zugriff 01.04.2010).

Daftari, Shirin (2000): Fremde Wirklichkeiten. Verstehen und Mißverstehen im Fokus bikultureller Partnerschaften. Münster: LIT Verlag.

Deppermann, Arnulf (2008): Gespräche analysieren. Eine Einführung. 4. Auflage. Wiesbaden: VS Verlag für Sozialwissenschaften.

Deppermann, Arnulf; Lucius-Hoene, Gabriele (2004): Rekonstruktion narrativer Identität. Ein Arbeitsbuch zur Analyse narrativer Interviews. 2. Auflage. Wiesbaden: VS Verlag für Sozialwissenschaften.

Flick, Uwe (2006): Qualitative Sozialforschung. Eine Einführung. 4. Auflage. Reinbek bei Hamburg: Rowohlt Taschenbuch Verlag GmbH.

Flick, Uwe (1995): Stationen des qualitativen Forschungsprozesses. In: Flick, Uwe; Kardorff, Ernst von; Keupp, Heiner; Rosenstiel, Lutz von; Wolff, Stephan (Hrsg.): Handbuch qualitative Sozialforschung. Grundlagen, Konzepte, Methoden und Anwendungen. 2. Auflage. Weinheim: Psychologie Verlags Union.

Flick, Uwe; Kardorff, Ernst von; Steinke, Ines (2007): Was ist qualitative Forschung? Einleitung und Überblick. In: Flick, Uwe; Kardorff, Ernst von; Steinke, Ines (Hrsg.): Qualitative Forschung. Ein Handbuch. 5. Auflage. Reinbek bei Hamburg: Rowohlt Taschenbuch Verlag GmbH.

Flüchtlingsrat – Zeitschrift für Flüchtlingspolitik in Niedersachsen (2003): Kinderflüchtlinge. Ausgabe 8/03. Heft 98. Hildesheim: Förderverein Niedersächsischer Flüchtlingsrat e.V. Online: http://www.nds-fluerat.org/rundbr/ru98Kiflue/98KiFlue. pdf (Zugriff 24.03.2010).

Froschauer, Ulrike; Lueger, Manfred (2003): Das qualitative Interview. Wien: Facultas Verlags- und Buchhandels AG.

Gómez Tutor, Claudia (1995): Bikulturelle Ehen in Deutschland: pädagogische Perspektiven und Maßnahmen. Frankfurt am Main: IKO - Verlag für Interkulturelle Kommunikation.

Hall, Edward T.; Hall, Mildred R. (1990): Understanding Cultural Differences. Germans, French and Americans. Yarmouth: Intercultural Press, Inc.

Hecht-El Minshawi, Béatrice (1992): Zwei Welten, eine Liebe: Leben mit Partnern aus anderen Kulturen. Reinbek bei Hamburg: Rowohlt Taschenbuch Verlag GmbH.

Helfferich, Cornelia (2005): Die Qualität qualitativer Daten. Manual für die Durchführung qualitativer Interviews. 2. Auflage. Wiesbaden: VS Verlag für Sozialwissenschaften.

Hermanns, Harry (1995): Narratives Interview. In: Flick, Uwe; Kardorff, Ernst von; Keupp, Heiner; Rosenstiel, Lutz von; Wolff, Stephan (Hrsg.): Handbuch qualitative Sozialforschung. Grundlagen, Konzepte, Methoden und Anwendungen. 2. Auflage. Weinheim: Psychologie Verlags Union.

Hoffmann-Schiller, Thomas (1997): Gerettet in die Fremde: jugendliche Flüchtlinge allein in Deutschland. Idstein: KOMZI Verlags GmbH.

Hopf, Christel (1995): Qualitative Interviews in der Sozialforschung. Ein Überblick. In: Flick, Uwe; Kardorff, Ernst von; Keupp, Heiner; Rosenstiel, Lutz von; Wolff, Stephan (Hrsg.): Handbuch qualitative Sozialforschung. Grundlagen, Konzepte, Methoden und Anwendungen. 2. Auflage. Weinheim: Psychologie Verlags Union.

Kienecker, Silke (1993): Interethnische Ehen: Deutsche Frauen mit ausländischen Partnern. Münster; Hamburg: Lit Verlag.

Krockauer, Rainer (1990): Abschieben oder Aufnehmen? Christen engagieren sich für Asylsuchende und Flüchtlinge. München: Kösel-Verlag GmbH & Co.

Kühne, Peter; Rüßler, Harald (2000): Die Lebensverhältnisse der Flüchtlinge in Deutschland. Frankfurt am Main: Campus Verlag GmbH.

Küsters, Ivonne (2006): Narrative Interviews. Grundlagen und Anwendungen. Wiesbaden: VS Verlag für Sozialwissenschaften.

Lamnek, Siegfried (2005): Qualitative Sozialforschung. Lehrbuch. 4. Auflage. Weinheim: Beltz Verlag.

Mayring, Philipp (2002): Einführung in die Qualitative Sozialforschung. 5. Auflage. Weinheim: Beltz Verlag.

Molnár, Claudia (2004): Binationale Paare: Eine qualitative Studie zur Relevanz der "Kulturdifferenz". Radolfzell: Verlag für Gesprächsforschung.

Hron, Aemilian (1994): Interview. In: Prof. Dr. Huber, Günter L.; Prof. Dr. Mandl, Heinz (Hrsg.): Verbale Daten. Eine Einführung in die Grundlagen und Methoden der Erhebung und Auswertung. 2. Auflage. Basel: Beltz, Psychologie Verlags Union.

Podsiadlowski, Astrid (2004): Interkulturelle Kommunikation und Zusammenarbeit. Interkulturelle Kompetenz trainieren mit Übungen und Fallbeispielen. München: Verlag Franz Vahlen GmbH.

Pries, Ludger (1997): Neue Migration im transnationalen Raum. In: Pries,Ludger (Hrsg.): Transnationale Migration. Baden-Baden: Nomos Verlagsgesellschaft

Prof. Dr. Will, Annegret (2008): Ausländer ohne Aufenthaltsrecht. Aufenthaltsrechtliche Rahmenbedingungen, Arbeitsrecht und soziale Rechte. Baden-Baden: Nomos Verlagsgesellschaft.

Ramsauer, Corina (2007): Interkulturelle Konflikte. Entstehung – Verlauf – Lösungsansätze. Frankfurt am Main: IKO – Verlag für Interkulturelle Kommunikation.

Reif, Elisabeth (1996): Verstehen und Missverstehen in interkulturellen Paarbeziehungen. In: Pusitz, Heinz; Reif, Elisabeth (Hrsg.): Interkulturelle Partnerschaften:
Begegnungen der Lebensformen und Geschlechter. Frankfurt am Main: IKO - Verlag
für Interkulturelle Kommunikation.

Parusel, Bernd (2009): Unbegleitete minderjährige Migranten in Deutschland. Aufnahme, Rückkehr und Integration. Studie II/2008 im Rahmen des Europäischen Mig-
rationsnetzwerks. Online: http://www.bamf.de/SharedDocs/Anlagen/DE/Migration
/Downloads/EMN/EMNselbst/working-paper-26-unbegleitete-minderjaehrige,templa
teId=raw,property=publicationFile.pdf/working-paper-26-unbegleitete-minderjaehrig
e.pdf (Zugriff 24.03.2010).

Root, Maria P.P. (2001): Love´s Revolution: Interracial Marriage. Philadelphia:
Temple University Press.

Schäfer, Rita (1997): Die Variationsbreite traditionelle Ehe- und Familienformen:
Reaktionen auf den Wandel familiärer Sicherungssysteme in Sierra Leone und Kenia.
In: Potthast-Jutkeit, Barbara (Hrsg.): Familienstrukturen in kolonialen und postkolo-
nialen Gesellschaften. Münster: LIT Verlag.

Schauer, Maggie; Odenwald, Michael; Ruf, Martina; Neuner, Frank; Gäbel, Ulrike
(2005): Psychologische Forschungs- und Modellambulanz für Flüchtlinge. Prävalenz
der Posttraumatischen Belastungsstörung (PTSD) und Möglichkeiten der Ermittlung
in der Asylverfahrenspraxis. Universität Konstanz. Online: http://www.proasyl.
info/texte/mappe/2005/101/18.pdf (Zugriff 26.03.2010).

Scheibler, Petra M. (1992): Binationale Ehen. Zur Lebenssituation europäischer Paare in Deutschland. Weinheim: Deutscher Studien Verlag.

Schiess, Isabelle; Stucki, Valentin; Urech, Christian (2005): Binational? Genial! Der
Ratgeber für binationale Paare mit Kindern. Zürich: Atlantis pro juventute.

Schmalmack, Birgit (2007): Türkischer Honig auf Schwarzbrot. Bikulturelle Liebes-
geschichten. Frankfurt am Main: Brandes & Apsel Verlag GmbH.

Schütze, Fritz (1987): Das narrative Interview in Interaktionsfeldstudien: erzähltheo-
retische Grundlagen. 1. Merkmale von Alltagserzählungen und was wir mit ihrer Hilfe erkennen können. Hagen: Fernuniversität; FB Erziehungs-, Sozial- und Geistes-
wissenschaften.

Statistisches Bundesamt Deutschland (2008): Polinnen und Türken beliebteste ausländische Ehepartner. Online: http://www.destatis.de/jetspeed/portal/cms/Sites/destatis/Internet/DE/Presse/pm/zdw/2008/PD08__046__p002,templateId=renderPrint.psml (Zugriff 24.03.2010).

Strauss, Anselm L. (1998): Grundlagen qualitativer Sozialforschung. 2. Auflage. München: Wilhelm Fink Verlag GmbH & Co. KG.

Thode-Arora, Hilke (1999): Interethnische Ehen: theoretische und methodische Grundlagen ihrer Erforschung. Berlin; Hamburg: Dietrich Reimer Verlag.

United Nations High Commissioner for Refugees (2009): 2008 Global Trends: Refugees, Asylum-seekers, Returnees, Internally Displaced and Stateless Persons. Online: http://www.unhcr.org/4a375c426.html (Zugriff 24.03.2010).

Varro, Gabrielle (1997): Der Begriff der „gemischten Ehe". In: Gebauer, Gunter; Varro, Gabrielle (Hrsg.): Zwei Kulturen - Eine Familie. Paare aus verschiedenen Kulturen und ihre Kinder, am Beispiel Frankreichs und Deutschlands. Opladen: Leske + Budrich.

Verma, Eva (1993): Wo du auch herkommst: bi-nationale Paare durch die Jahrtausende. Frankfurt am Main: dipa-Verlag & Druck GmbH.

Wirtgen, Waltraut (2009): Traumatisierte Flüchtlinge: Psychische Probleme bleiben meist unerkannt. Deutsches Ärzteblatt. Heft 49. Online: http://www.aerzteblatt.de/V4/archiv/artikel.asp?src=heft&id=66991 (Zugriff 26.03.2010).

Zehler, Petra (2008): Partnerschaften über die Grenzen hinweg: Konflikte und Möglichkeiten in interkulturellen Paarbeziehungen. Saarbrücken: VDM Verlag Dr. Müller Aktiengesellschaft & Co. KG.

Zito, Dima (2009): Zwischen Angst und Hoffnung. Kindersoldaten als Flüchtlinge in Deutschland. Ibbenbüren: IVD GmbH & Co. KG. Online: http://www.b-umf.de/images/stories/dokumente/studies_kindersoldaten.pdf (Zugriff 24.03.2010).

A1 Übersicht über Eheschließungen in der Bundesrepublik Deutschland nach der Staatsangehörigkeit der Ehepartner von 1970 bis 2007

	Insgesamt	Zwischen Deutschen		Von oder mit Ausländern								
				Insgesamt		Beide Ehepartner Ausländer			Frau Deutsche, Mann Ausländer		Mann Deutscher, Frau Ausländerin	
						Insgesamt		Gleiche Herkunft				
Jahr	Anzahl	Anzahl	% von Sp.1	Anzahl	% von Sp.1	Anzahl	% von Sp.4	Anzahl	Anzahl	% von Sp.4	Anzahl	% von Sp.4
	1	2	3	4	5	6	7	8	9	10	11	12
1970	444 510	411 514	92,6	32 996	7,4	8 199	24,8	6 749	14 645	44,4	10 152	30,8
1971	432 030	397 028	91,9	35 002	8,1	9 409	26,9	7 784	14 565	41,6	11 028	31,5
1972	415 132	380 205	91,6	34 927	8,4	9 384	26,9	7 637	14 700	42,1	10 843	31,0
1973	394 603	360 285	91,3	34 318	8,7	9 021	26,3	7 192	14 578	42,5	10 719	31,2
1974	377 265	343 319	91,0	33 946	9,0	8 399	24,7	6 716	14 701	43,3	10 846	32,0
1975	386 681	352 118	91,1	34 563	8,9	7 469	21,6	5 748	16 054	46,4	11 040	31,9
1976	365 728	333 844	91,3	31 884	8,7	6 162	19,3	4 565	15 552	48,8	10 170	31,9
1977	358 487	327 138	91,3	31 349	8,7	6 088	19,4	4 582	15 600	49,8	9 661	30,8
1978	328 215	299 114	91,1	29 101	8,9	5 760	19,8	4 339	14 875	51,1	8 466	29,1
1979	344 823	313 905	91,0	30 918	9,0	5 895	19,1	4 522	16 246	52,5	8 777	28,4
1980	362 408	327 023	90,2	35 385	9,8	7 374	20,8	5 753	18 927	53,5	9 084	25,7
1981	359 658	321 596	89,4	38 062	10,6	8 955	23,5	7 170	19 427	51,0	9 680	25,4
1982	361 966	326 133	90,1	35 833	9,9	7 579	21,2	5 740	18 306	51,1	9 948	27,8
1983	369 963	334 174	90,3	35 789	9,7	7 821	21,9	6 055	18 012	50,3	9 956	27,8
1984	364 140	329 569	90,5	34 571	9,5	8 134	23,5	6 501	16 333	47,2	10 104	29,2
1985	364 661	330 434	90,6	34 227	9,4	8 521	24,9	6 775	15 756	46,0	9 950	29,1
1986	372 112	336 701	90,5	35 411	9,5	7 911	22,3	5 776	16 472	46,5	11 028	31,1
1987	382 564	347 469	90,8	35 095	9,2	5 191	14,8	2 763	17 636	50,3	12 268	35,0
1988	397 738	359 299	90,3	38 439	9,7	5 989	15,6	3 257	18 665	48,6	13 785	35,9

Jahr	Insgesamt	Von oder mit Ausländern										
		Zwischen Deutschen		Insgesamt		Beide Ehepartner Ausländer			Frau Deutsche, Mann Ausländer		Mann Deutscher, Frau Ausländerin	
						Insgesamt		Gleiche Herkunft				
	Anzahl	Anzahl	% von Sp.1	Anzahl	% von Sp.1	Anzahl	% von Sp.4	Anzahl	Anzahl	% von Sp.4	Anzahl	% von Sp.4
	1	2	3	4	5	6	7	8	9	10	11	12
1989	398 608	356 361	89,4	42 247	10,6	6 361	15,1	3 423	20 216	47,9	15 670	37,1
1990	414 475	367 936	88,8	46 539	11,2	6 755	14,5	3 175	22 031	47,3	17 753	38,1
1991	454 291	402 825	88,7	51 466	11,3	7 511	14,6	2 948	24 148	46,9	19 807	38,5
1992	453 428	396 855	87,5	56 573	12,5	8 629	15,3	3 123	25 156	44,5	22 788	40,3
1993	442 605	383 050	86,5	59 555	13,5	9 505	16,0	3 327	25 203	42,3	24 847	41,7
1994	440 244	376 087	85,4	64 157	14,6	10 908	17,0	3 394	26 731	41,7	26 518	41,3
1995	430 534	364 092	84,6	66 442	15,4	11 582	17,4	3 805	26 554	40,0	28 306	42,6
1996	427 297	357 073	83,6	70 224	16,4	12 680	18,1	4 615	27 907	39,7	29 637	42,2
1997	422 776	348 939	82,5	73 837	17,5	12 452	16,9	4 563	30 198	40,9	31 187	42,2
1998	417 420	346 835	83,1	70 585	16,9	11 356	16,1	4 531	27 402	38,8	31 827	45,1
1999	430 674	360 556	83,7	70 118	16,3	11 549	16,5	4 693	26 234	37,4	32 335	46,1
2000	418 550	345 477	82,5	73 073	17,5	11 911	16,3	7 043	27 323	37,4	33 839	46,3
2001	389 591	317 496	81,5	72 095	18,5	11 408	15,8	6 895	25 186	34,9	35 501	49,2
2002	391 963	318 244	81,2	73 719	18,8	11 251	15,3	6 811	26 057	35,3	36 411	49,4
2003	382 911	312 145	81,5	70 766	18,5	10 568	14,9	6 164	25 015	35,3	35 183	49,7
2004	395 992	330 535	83,5	65 457	16,5	9 219	14,1	5 233	23 474	35,9	32 764	50,1
2005	388 451	329 455	84,8	58 996	15,2	8 493	14,4	4 944	21 113	35,8	29 390	49,8
2006	373 681	319 384	85,5	54 297	14,5	7 578	14,0	4 470	19 748	36,4	26 971	49,7
2007	368 922	318 082	86,2	50 840	13,8	7 299	14,4	4 388	18 608	36,6	24 933	49,0

Quelle: Statistisches Bundesamt Deutschland, 2008.
Aus persönlicher Korrespondez mit Herrn Martin Conrad vom 14.09.2009.

A2   Rechtsquellenverzeichnis

Asylbewerberleistungsgesetz

§ 3 Abs. 1 AsylbLG
- Grundleistungen
Der notwendige Bedarf an Ernährung, Unterkunft, Heizung, Kleidung, Gesundheits-
und Körperpflege und Gebrauchs- und Verbrauchsgütern des Haushalts wird durch
Sachleistungen gedeckt. Kann Kleidung nicht geleistet werden, so kann sie in Form
von Wertgutscheinen oder anderen vergleichbaren unbaren Abrechnungen gewährt
werden. Gebrauchsgüter des Haushalts können leihweise zur Verfügung gestellt werden.

§ 4 AsylbLG
- Leistungen bei Krankheit, Schwangerschaft und Geburt
(1) Zur Behandlung akuter Erkrankungen und Schmerzzustände sind die erforderliche ärztliche und zahnärztliche Behandlung einschließlich der Versorgung mit Arz-
nei- und Verbandmitteln sowie sonstiger zur Genesung, zur Besserung oder zur Lin-
derung von Krankheiten oder Krankheitsfolgen erforderlichen Leistungen zu gewähren. Eine Versorgung mit Zahnersatz erfolgt nur, soweit dies im Einzelfall aus medi-
zinischen Gründen unaufschiebbar ist.
(2) Werdenden Müttern und Wöchnerinnen sind ärztliche und pflegerische Hilfe
und Betreuung, Hebammenhilfe, Arznei-, Verband- und Heilmittel zu gewähren.
(3) Die zuständige Behörde stellt die ärztliche und zahnärztliche Versorgung einschließlich der amtlich empfohlenen Schutzimpfungen und medizinisch gebotenen
Vorsorgeuntersuchungen sicher. Soweit die Leistungen durch nieder-gelassene Ärzte
oder Zahnärzte erfolgen, richtet sich die Vergütung nach den am Ort der Niederlas-
sung des Arztes oder Zahnarztes geltenden Verträgen nach § 72 Abs. 2 des Fünften
Buches Sozialgesetzbuch. Die zuständige Behörde bestimmt, welcher Vertrag Anwendung findet.

Asylverfahrensgesetz

§ 25 Abs. 1 AsylVfG
- Anhörung
Der Ausländer muss selbst die Tatsachen vortragen, die seine Furcht vor politischer
Verfolgung begründen, und die erforderlichen Angaben machen. Zu den erforderlichen Angaben gehören auch solche über Wohnsitze, Reisewege, Aufenthalte in anderen Staaten und darüber, ob bereits in anderen Staaten oder im Bundesgebiet ein Verfahren mit dem Ziel der Anerkennung als ausländischer Flüchtling oder ein Asylverfahren eingeleitet oder durchgeführt ist.

§ 58 Abs. 1 AsylVfG
- Verlassen eines zugewiesenen Aufenthaltsbereichs
Die Ausländerbehörde kann einem Ausländer, der nicht oder nicht mehr verpflichtet ist, in einer Aufnahmeeinrichtung zu wohnen, erlauben, den Geltungsbereich der Aufenthaltsgestattung vorübergehend zu verlassen oder sich allgemein in dem angrenzenden Bezirk einer Ausländerbehörde aufzuhalten. Die Erlaubnis ist zu erteilen, wenn hieran ein dringendes öffentliches Interesse besteht, zwingende Gründe es erfordern oder die Versagung der Erlaubnis eine unbillige Härte bedeuten würde. Die Erlaubnis bedarf der Zustimmung der Ausländerbehörde, für deren Bezirk der allgemeine Aufenthalt zugelassen wird.

Aufenthaltsgesetz

§ 60 AufenthG
- Verbot der Abschiebung
(1) In Anwendung des Abkommens vom 28. Juli 1951 über die Rechtsstellung der Flüchtlinge (BGBl. 1953 II S. 559) darf ein Ausländer nicht in einen Staat abgeschoben werden, in dem sein Leben oder seine Freiheit wegen seiner Rasse, Religion, Staatsangehörigkeit, seiner Zugehörigkeit zu einer bestimmten sozialen Gruppe oder wegen seiner politischen Überzeugung bedroht ist. Dies gilt auch für Asylberechtigte und Ausländer, denen die Flüchtlingseigenschaft unanfechtbar zuerkannt wurde oder die aus einem anderen Grund im Bundesgebiet die Rechtsstellung ausländischer Flüchtlinge genießen oder die außerhalb des Bundesgebiets als ausländische Flüchtlinge nach dem Abkommen über die Rechtsstellung der Flüchtlinge anerkannt wurden. Eine Verfolgung wegen der Zugehörigkeit zu einer bestimmten sozialen Gruppe kann auch dann vorliegen, wenn die Bedrohung des Lebens, der körperlichen Unversehrtheit oder der Freiheit allein an das Geschlecht anknüpft. Eine Verfolgung im Sinne des Satzes 1 kann ausgehen von

   a)   dem Staat,

   b)   Parteien oder Organisationen, die den Staat oder wesentliche Teile des Staatsgebiets beherrschen oder

   c)   nichtstaatlichen Akteuren, sofern die unter den Buchstaben a und b genannten Akteure einschließlich internationaler Organisationen erwiesenermaßen nicht in der Lage oder nicht willens sind, Schutz vor der Verfolgung zu bieten, und dies unabhängig davon, ob in dem Land eine staatliche Herrschaftsmacht vorhanden ist oder nicht,

es sei denn, es besteht eine innerstaatliche Fluchtalternative. Für die Feststellung, ob eine Verfolgung nach Satz 1 vorliegt, sind Artikel 4 Abs. 4 sowie die Artikel 7 bis 10 der Richtlinie 2004/83/EG des Rates vom 29. April 2004 über Mindestnormen für die Anerkennung und den Status von Drittstaatsangehörigen oder Staatenlosen als Flüchtlinge oder als Personen, die anderweitig internationalen Schutz benötigen, und über den Inhalt des zu gewährenden Schutzes (ABl. EU Nr. L 304 S. 12) ergänzend anzuwenden. Wenn der Ausländer sich auf das Abschiebungsverbot nach diesem Absatz beruft, stellt das Bundesamt für Migration und Flüchtlinge außer in den Fällen des Satzes 2 in einem Asylverfahren fest, ob die Voraussetzungen des Satzes 1 vorliegen und dem Ausländer die Flüchtlingseigenschaft zuzuerkennen ist. Die Entscheidung des Bundesamtes kann nur nach den Vorschriften des Asylverfahrensgesetzes angefochten werden.

(2) Ein Ausländer darf nicht in einen Staat abgeschoben werden, in dem für diesen Ausländer die konkrete Gefahr besteht, der Folter oder unmenschlicher oder erniedrigender Behandlung oder Bestrafung unterworfen zu werden.

(3) Ein Ausländer darf nicht in einen Staat abgeschoben werden, wenn dieser Staat den Ausländer wegen einer Straftat sucht und die Gefahr der Verhängung oder der Vollstreckung der Todesstrafe besteht. In diesen Fällen finden die Vorschriften über die Auslieferung entsprechende Anwendung.

(4) Liegt ein förmliches Auslieferungsersuchen oder ein mit der Ankündigung eines Auslieferungsersuchens verbundenes Festnahmeersuchen eines anderen Staates vor, darf der Ausländer bis zur Entscheidung über die Auslieferung nur mit Zustimmung der Behörde, die nach § 74 des Gesetzes über die internationale Rechtshilfe in Strafsachen für die Bewilligung der Auslieferung zuständig ist, in diesen Staat abgeschoben werden.

(5) Ein Ausländer darf nicht abgeschoben werden, soweit sich aus der Anwendung der Konvention vom 4. November 1950 zum Schutze der Menschenrechte und Grundfreiheiten (BGBl. 1952 II S. 685) ergibt, dass die Abschiebung unzulässig ist.

(6) Die allgemeine Gefahr, dass einem Ausländer in einem anderen Staat Strafverfolgung und Bestrafung drohen können und, soweit sich aus den Absätzen 2 bis 5 nicht etwas anderes ergibt, die konkrete Gefahr einer nach der Rechtsordnung eines anderen Staates gesetzmäßigen Bestrafung stehen der Abschiebung nicht entgegen.

(7) Von der Abschiebung eines Ausländers in einen anderen Staat soll abgesehen werden, wenn dort für diesen Ausländer eine erhebliche konkrete Gefahr für Leib, Leben oder Freiheit besteht. Von der Abschiebung eines Ausländers in einen anderen Staat ist abzusehen, wenn er dort als Angehöriger der Zivilbevölkerung einer erheblichen individuellen Gefahr für Leib oder Leben im Rahmen eines internationalen oder innerstaatlichen bewaffneten Konflikts ausgesetzt ist. Gefahren nach Satz 1 oder Satz 2, denen die Bevölkerung oder die Bevölkerungsgruppe, der der Ausländer angehört, allgemein ausgesetzt ist, sind bei Anordnungen nach § 60a Abs. 1 Satz 1 zu berücksichtigen.

§ 60a AufenthG
- Vorübergehende Aussetzung der Abschiebung (Duldung)
(1) Die oberste Landesbehörde kann aus völkerrechtlichen oder humanitären Gründen oder zur Wahrung politischer Interessen der Bundesrepublik Deutschland anordnen, dass die Abschiebung von Ausländern aus bestimmten Staaten oder von in sonstiger Weise bestimmten Ausländergruppen allgemein oder in bestimmte Staaten für längstens sechs Monate ausgesetzt wird. Für einen Zeitraum von länger als sechs Monaten gilt § 23 Abs. 1.

(2) Die Abschiebung eines Ausländers ist auszusetzen, solange die Abschiebung aus
tatsächlichen oder rechtlichen Gründen unmöglich ist und keine Aufenthaltserlaubnis
erteilt wird. Die Abschiebung eines Ausländers ist auch auszusetzen, wenn seine vorübergehende Anwesenheit im Bundesgebiet für ein Strafverfahren wegen eines Ver-
brechens von der Staatsanwaltschaft oder dem Strafgericht für sachgerecht erachtet
wird, weil ohne seine Angaben die Erforschung des Sachverhalts erschwert wäre. Einem Ausländer kann eine Duldung erteilt werden, wenn dringende humanitäre oder
persönliche Gründe oder erhebliche öffentliche Interessen seine vorübergehende weitere Anwesenheit im Bundesgebiet erfordern.
(2a) Die Abschiebung eines Ausländers wird für eine Woche ausgesetzt, wenn seine
Zurückschiebung oder Abschiebung gescheitert ist, Abschiebungshaft nicht angeord-
net wird und die Bundesrepublik Deutschland auf Grund einer Rechtsvorschrift, insbesondere des Artikels 6 Abs. 1 der Richtlinie 2003/110/EG des Rates vom 25. November 2003 über die Unterstützung bei der Durchbeförderung im Rahmen von
Rückführungsmaßnahmen auf dem Luftweg (ABl. EU Nr. L 321 S. 26), zu seiner
Rückübernahme verpflichtet ist. Die Aussetzung darf nicht nach Satz 1 verlängert
werden. Die Einreise des Ausländers ist zuzulassen.
(3) Die Ausreisepflicht eines Ausländers, dessen Abschiebung ausgesetzt ist, bleibt
unberührt.
(4) Über die Aussetzung der Abschiebung ist dem Ausländer eine Bescheinigung
auszustellen.
(5) Die Aussetzung der Abschiebung erlischt mit der Ausreise des Ausländers. Sie
wird widerrufen, wenn die der Abschiebung entgegenstehenden Gründe entfallen.
Der Ausländer wird unverzüglich nach dem Erlöschen ohne erneute Androhung und
Fristsetzung abgeschoben, es sei denn, die Aussetzung wird erneuert. Ist die Abschiebung länger als ein Jahr ausgesetzt, ist die durch Widerruf vorgesehene Abschiebung mindestens einen Monat vorher anzukündigen; die Ankündigung ist zu
wiederholen, wenn die Aussetzung für mehr als ein Jahr erneuert wurde.

§ 61 AufenthG
- Räumliche Beschränkung
(1) Der Aufenthalt eines vollziehbar ausreisepflichtigen Ausländers ist räumlich auf
das Gebiet des Landes beschränkt. Weitere Bedingungen und Auflagen können an-
geordnet werden. Von der räumlichen Beschränkung nach Satz 1 kann abgewichen
werden, wenn der Ausländer zur Ausübung einer Beschäftigung ohne Prüfung nach
§ 39 Abs. 2 Satz 1 Nr. 1 berechtigt ist.
(1a) In den Fällen des § 60a Abs. 2a wird der Aufenthalt auf den Bezirk der zuletzt
zuständigen Ausländerbehörde im Inland beschränkt. Der Ausländer muss sich nach
der Einreise unverzüglich dorthin begeben. Ist eine solche Behörde nicht feststellbar,
gilt § 15a entsprechend.

§ 80 Abs. 1 AufenthG
- Handlungsfähigkeit Minderjähriger
Fähig zur Vornahme von Verfahrenshandlungen nach diesem Gesetz ist ein Auslän-der, der das 16. Lebensjahr vollendet hat, sofern er nicht nach Maßgabe des Bürgerli-chen Gesetzbuchs geschäftsunfähig oder im Falle seiner Volljährigkeit in dieser An-gelegenheit zu betreuen und einem Einwilligungsvorbehalt zu unterstellen wäre.

Beschäftigungsverfahrensverordnung

§ 10 Abs. 1 BeschVerfV
- Grundsatz
Geduldeten Ausländern kann mit Zustimmung der Bundesagentur für Arbeit die Ausübung einer Beschäftigung erlaubt werden, wenn sie sich seit einem Jahr erlaubt, geduldet oder mit Aufenthaltsgestattung im Bundesgebiet aufgehalten haben. Die §§ 39 bis 41 des Aufenthaltsgesetzes gelten entsprechend.

Grundgesetz

Artikel 16a Abs. 1 GG
Politisch Verfolgte genießen Asylrecht.

Artikel 16a Abs. 2 GG
Auf Absatz 1 kann sich nicht berufen, wer aus einem Mitgliedstaat der Europäischen Gemeinschaften oder aus einem anderen Drittstaat einreist, in dem die Anwendung des Abkommens über die Rechtsstellung der Flüchtlinge und der Konvention zum Schutze der Menschenrechte und Grundfreiheiten sichergestellt ist. Die Staaten au-ßerhalb der Europäischen Gemeinschaften, auf die die Voraussetzungen des Satzes 1 zutreffen, werden durch Gesetz, das der Zustimmung des Bundesrates bedarf, be-stimmt. In den Fällen des Satzes 1 können aufenthaltsbeendende Maßnahmen unab-hängig von einem hiergegen eingelegten Rechtsbehelf vollzogen werden.

Sozialgesetzbuch VIII

§ 42 Abs. 1 SGB VIII
- Inobhutnahme von Kindern und Jugendlichen
Das Jugendamt ist berechtigt und verpflichtet, ein Kind oder einen Jugendlichen in seine Obhut zu nehmen, wenn
1. das Kind oder der Jugendliche um Obhut bittet oder
2. eine dringende Gefahr für das Wohl des Kindes oder des Jugendlichen die Inob-hutnahme erfordert und
    a) die Personensorgeberechtigten nicht widersprechen oder
    b) eine familiengerichtliche Entscheidung nicht rechtzeitig eingeholt werden kann oder

3. ein ausländisches Kind oder ein ausländischer Jugendlicher unbegleitet nach Deutschland kommt und sich weder Personensorge- noch Erziehungsberechtigte im Inland aufhalten.

Die Inobhutnahme umfasst die Befugnis, ein Kind oder einen Jugendlichen bei einer geeigneten Person, in einer geeigneten Einrichtung oder in einer sonstigen Wohnform vorläufig unterzubringen; im Fall von Satz 1 Nr. 2 auch ein Kind oder einen Jugendlichen von einer anderen Person wegzunehmen.

§ 42 Abs. 2 SGB VIII
- Inobhutnahme von Kindern und Jugendlichen
Das Jugendamt hat während der Inobhutnahme die Situation, die zur Inobhutnahme geführt hat, zusammen mit dem Kind oder dem Jugendlichen zu klären und Möglichkeiten der Hilfe und Unterstützung aufzuzeigen. Dem Kind oder dem Jugendlichen ist unverzüglich Gelegenheit zu geben, eine Person seines Vertrauens zu benachrichtigen. Das Jugendamt hat während der Inobhutnahme für das Wohl des Kindes oder des Jugendlichen zu sorgen und dabei den notwendigen Unterhalt und die Krankenhilfe sicherzustellen. Das Jugendamt ist während der Inobhutnahme berechtigt, alle Rechtshandlungen vorzunehmen, die zum Wohl des Kindes oder Jugendlichen notwendig sind; der mutmaßliche Wille der Personensorge- oder der Erziehungsberechtigten ist dabei angemessen zu berücksichtigen.

UN-Kinderrechtskonvention

Artikel 22
- Flüchtlingskinder
(1) Die Vertragsstaaten treffen geeignete Maßnahmen, um sicherzustellen, daß ein Kind, das die Rechtsstellung eines Flüchtlings begehrt oder nach Maßgabe der anzuwendenden Regeln und Verfahren des Völkerrechts oder des innerstaatlichen Rechts als Flüchtling angesehen wird; angemessenen Schutz und humanitäre Hilfe bei der Wahrnehmung der Rechte erhält, die in diesem Übereinkommen oder in anderen internationalen Übereinkünften über Menschenrechte oder über humanitäre Fragen, denen die genannten Staaten als Vertragsparteien angehören, festgelegt sind, und zwar unabhängig davon, ob es sich in Begleitung seiner Eltern oder einer anderen Person befindet oder nicht.
(2) Zu diesem Zweck wirken die Vertragsstaaten in der ihnen angemessen erscheinenden Weise bei allen Bemühungen mit, welche die Vereinten Nationen und andere zuständige zwischenstaatliche oder nichtstaatliche Organisationen, die mit den Vereinten Nationen zusammenarbeiten, unternehmen, um ein solches Kind zu schützen, um ihm zu helfen und um die Eltern oder andere Familienangehörige eines Flüchtlingskinds ausfindig zu machen mit dem Ziel, die für eine Familienzusammenführung notwendigen Informationen zu erlangen. Können die Eltern oder andere Familienangehörige nicht ausfindig gemacht werden, so ist dem Kind im Einklang mit den in diesem Übereinkommen enthaltenen Grundsätzen derselbe Schutz zu gewäh-

ren wie jedem anderen Kind, das aus irgendeinem Grund dauernd oder vorübergehend aus seiner familiären Umgebung herausgelöst ist.

A3   Interviewleitfaden

Einführung zum Interview

- Einverständnis einholen zur Aufzeichnung des Interviews
- Zusicherung der Anonymisierung der Daten bei der Transkription
- Informationen zum Ablauf des Interviews geben und Erklärung des narrativen Interviews als Interviewform
- Hinweis darauf, dass auch scheinbar Unwichtiges interessant ist und die Befragten alles erwähnen sollen, was ihnen zu einem Thema einfällt
- Erkundigen, ob seitens der Befragten Fragen zum Interview bestehen

Einstiegsfrage:
Ich möchte Sie bitten, mir zu erzählen, wie sich Ihre Geschichte zugetragen hat. Am besten beginnen Sie mit ihrem Kennenlernen, wann, wo und wie Sie sich das erste Mal getroffen haben und erzählen dann all das, was sich nach und nach zugetragen hat, d.h. wie sich die Dinge entwickelten, bis zum heutigen Tag. Sie können sich dabei ruhig Zeit nehmen und alle Erlebnisse erwähnen, die Ihnen einfallen.

Familie und soziales Umfeld

- Wie haben Ihre Verwandten und Bekannten auf ihre Beziehung reagiert? Gibt es diesbezüglich Erlebnisse, positive als auch negative, die Ihnen in Erinnerung geblieben sind? Erzählen Sie doch mal!
- Haben Sie die Familie ihres Partners bereits kennen gelernt?
  Wenn ja: Wie wurden Sie von der Familie ihres Partners aufgenommen?
                   Wie verlief das erste Zusammentreffen?
  Wenn nein: Warum nicht?
- Wie sind die Reaktionen auf ihr Auftreten als Paar in der Öffentlichkeit?
- Auf welche Vorurteile, Diskriminierungen oder sogar Fremdenfeindlichkeiten sind Sie im Verlauf ihrer Beziehung gestoßen und welche Auswirkungen hatten diese Faktoren auf ihre Beziehung und individuelle Zufriedenheit?

Heirat

- Erzählen Sie mir doch bitte von ihrer Hochzeit! Wann und wo haben Sie geheiratet und wie lief die Hochzeit ab?
- Aus welchem Grund haben Sie sich dazu entschlossen zu heiraten?
- Wie haben Ihre Familien ihre Heiratsabsicht aufgenommen?
- Gab es vor der Eheschließung Probleme mit den Behörden und wenn ja, wie sahen diese Probleme aus? Können Sie ein Beispiel nennen?
- Denken Sie darüber nach, später im Land ihres Partners zu leben?

Gemeinsamer Alltag und kulturelle Ausrichtung

• Wie gestaltet sich Ihr gemeinsames Zusammenleben?
• Kam es in ihrer Beziehung jemals zu Auseinandersetzungen oder Problemen, die aufgrund des Kulturunterschieds entstanden sind? In welchem Zusammenhang?
• Wie gehen Sie mit kulturellen Unterschieden um?
• Haben Sie sich vor der Ehe mit der Kultur Ihres Partners auseinandergesetzt? Wie?
• Werden innerhalb der Beziehung beide Kulturen gelebt? Wie äußert sich das?
• Welche Sprache wird innerhalb Ihrer Beziehung gesprochen?
• Kam es bereits zu Sprachproblemen, woraus Kommunikationsstörungen oder Missverständnisse entstanden sind? Können Sie ein Beispiel nennen?
• Welche Rolle spielt die Religion in ihrer Beziehung?
• Gibt es gemeinsame Kinder? Welche Kultur sollen sie kennen lernen? Wie werden sie erzogen? (Sprache, Religion, Werte, Traditionen usw.)

Fragen an den ausländischen Partner

• Wie lange leben Sie schon in Deutschland?
• Welchen Stellenwert hat für Sie ihr Herkunftsland?
• Wie sehen die Kontakte zu Ihrer Familie und Ihrem Herkunftsland aus?

Resümee

• Welches sind, aus ihrer Erfahrung, die Unterschiede zwischen einer bikulturellen und einer nicht gemischten Beziehung?
• Welche Vorteile hat ihrer Meinung nach eine bikulturelle Beziehung?
• Welche Nachteile hat ihrer Meinung nach eine bikulturelle Partnerschaft?

Haben wir noch etwas vergessen, was Sie gern noch ansprechen würden?

Kennen sie andere bikulturelle Paare aus ihrem Bekanntenkreis? Wenn ja, besteht die Möglichkeit der Kontaktaufnahme?

Persönliche Daten

Geburtsdaten:
• Ehemann   _____
• Ehefrau   _____
Kennenlernen: _____
Hochzeit: _____

A4   Transkriptionskonventionen

I	Interviewerin
M	Ehemann
F	Ehefrau
(.)	Mikropause
(-), (--), (---)	Kurze, mittlere, längere Pausen von ca. 0.25 - 0.75 Sekunden, bis zur Pausendauer von etwa 1 Sekunde
(2.0)	Geschätzte Pause in Sekunden, ab einer Pausendauer von etwa 1 Sekunde
[ ]	Überlappungen und Simultansprechen
=	Schneller, unmittelbarer Anschluss eines neuen Turns oder einer neuen Einheit
akZENT	Primär- bzw. Hauptakzent
akzEnt	Neben- bzw. Sekundärakzent
ak!ZENT!	Extra starker Akzent
und=äh	Verschleifung innerhalb von Einheiten
:, ::, :::	Dehnung je nach Dauer
´	Abbruch durch Glottalverschluss
((hustet))	Para- und außersprachliche Handlungen und Ereignisse
<<hustend>>	Sprachbegleitende para- und außersprachliche Handlungen und Ereignisse
Tonhöhenbewegung am Einheitenende	
?	Hoch steigend
´	Mittel steigend
-	Gleichbleibend
;	Mittel fallend
.	Tief fallend
Lautstärkenveränderungen	
<< f >>	Forte, laut
<< ff >>	Fortissimo, sehr laut
<< p >>	Piano, leise
<< pp >>	Pianissimo, sehr leise
Geschwindigkeitsveränderungen	
<< all >>	Allegro, schnell
<< len >>	Lento, langsam
<< cresc >>	Crescendo, lauter werdend
<< dim >>	Diminuendo, leiser werdend
<< acc >>	Accelerando, schneller werdend
<< rall >>	Rallentando, langsamer werdend

Nach Selting et al. 1998 – entnommen aus Deppermann 2008, S. 119-121

I   Abkürzungsverzeichnis

Abs.	Absatz
Art.	Artikel
AsylbLG	Asylbewerberleistungsgesetz
AsylVfG	Asylverfahrensgesetz
AufenthG	Aufenthaltsgesetz
BeschVerfV	Beschäftigungsverfahrensverordnung
EG	Europäische Gemeinschaft
e.V.	eingetragener Verein
GG	Grundgesetz
SGB	Sozialgesetzbuch
UN	United Nations

II   Abbildungsverzeichnis

III   Tabellenverzeichnis

IV   Anlagenverzeichnis

Abonnement

Hiermit abonniere ich die Reihe **Kultur – Kommunikation – Kooperation**
(ISSN 1869-5884), herausgegeben von Gabriele Berkenbusch und
Katharina von Helmolt,

☐   ab Band # 1
☐   ab Band # ___
   ☐   Außerdem bestelle ich folgende der bereits erschienenen Bände:
      #___, ___, ___, ___, ___, ___, ___, ___, ___, ___, ___, ___

☐   ab der nächsten Neuerscheinung
   ☐   Außerdem bestelle ich folgende der bereits erschienenen Bände:
      #___, ___, ___, ___, ___, ___, ___, ___, ___, ___, ___, ___

☐   1 Ausgabe pro Band   ODER   ☐   ___ Ausgaben pro Band

Bitte senden Sie meine Bücher zur versandkostenfreien Lieferung innerhalb
Deutschlands an folgende Anschrift:

Vorname, Name: _____

Straße, Hausnr.: _____

PLZ, Ort: _____

Tel. (für Rückfragen): _____ *Datum, Unterschrift:* _____

Zahlungsart

☐   *ich möchte per Rechnung zahlen*

☐   *ich möchte per Lastschrift zahlen*

bei Zahlung per Lastschrift bitte ausfüllen:

Kontoinhaber: _____

Kreditinstitut: _____

Kontonummer: _____ Bankleitzahl: _____

Hiermit ermächtige ich jederzeit widerruflich den *ibidem*-Verlag, die fälligen Zahlungen
für mein Abonnement der Reihe **Kultur – Kommunikation – Kooperation** von
meinem oben genannten Konto per Lastschrift abzubuchen.

Datum, Unterschrift: _____

Abonnementformular entweder **per Fax** senden an: **0511 / 262 2201** oder 0711 / 800 1889
oder als **Brief** an: *ibidem*-Verlag, Julius-Leber Weg 11, 30457 Hannover oder
als **e-mail** an: **ibidem@ibidem-verlag.de**

ibidem-Verlag

Melchiorstr. 15

D-70439 Stuttgart

info@ibidem-verlag.de

www.ibidem-verlag.de
www.ibidem.eu
www.edition-noema.de
www.autorenbetreuung.de

www.ingramcontent.com/pod-product-compliance
Lightning Source LLC
Chambersburg PA
CBHW050718280326